LA MAIN DROITE ET LA MAIN GAUCHE,

DRAME EN CINQ ACTES

PAR M. LÉON GOZLAN,

REPRÉSENTÉ, POUR LA PREMIÈRE FOIS, SUR LE SECOND THÉATRE FRANÇAIS (ODÉON), LE 24 DÉCEMBRE 1842.

PERSONNAGES	ACTEURS	PERSONNAGES	ACTEURS
Le Major PALMER (1er rôle ou 1er comique, à l'option du directeur)	M. BOCAGE	LA REINE DE SUÈDE (fort 1er rôle)	Mme PAYER
Le Prince HERMANN (1er rôle marqué)	M. SAINT-LÉON	RODOLPHINE (1er rôle, jeune mère)	Mme DOUVAL
WILFRID (jeune premier)	M. MILON	La Comtesse de LEUVENBOURG (jeune première)	Mme J.-BEN... Mme M. MINTA
Le Comte ÉRIC, premier ministre (2me premier rôle)	M. MAURANT	Le Baron RAAB	M. AMELIN
Le Comte NORBERG (père noble)	M. CLETTI	Le Vicomte PLATEN	M. SOMES
Le Baron CHRISTIAN (2me rôle)	M. GERCA	Le Baron BRAHE	M. BELL
Le Baron WILHEM (3me amoureux)	M. PUJOLON	Le Comte GEDDA	M. HARACCE
DONALD (2me amoureux)	M. GODAT	UN CRIEUR PUBLIC	M. MANUEL
CLAUS (grime)	M. DEROSSELLE	UN HUISSIER	M. ALEXANDRE

ACTE PREMIER.

Le théâtre représente une salle du palais de la Reine. Portes latérales, porte au fond.

SCÈNE PREMIÈRE.

CHRISTIAN, DOMESTIQUES, HUISSIERS.

CHRISTIAN, avec humeur aux Domestiques, peu empressés de mettre de l'ordre dans l'appartement.

Eh quoi! messieurs, rien n'est encore prêt? Je ne précède le comte Éric que de quelques minutes. Leurs seigneuries les autres ministres s'apprêtent à quitter leurs hôtels, et sa majesté la reine Ulrique va paraître. Hâtez-vous, messieurs, rapprochez ces rideaux; qu'un jour plus doux se répande; ces fauteuils sont trop éloignés... plus près... plus près encore. Celui de la reine est à pas de fleurs sur les consoles? Sa majesté la reine, vous le savez, aime à en voir partout. Débarrassez le marbre de la cheminée de ces lourds flambeaux qui cachent la moitié de la glace. Notre souveraine ne saurait s'y regarder à l'aise. Cette table n'est pas à sa place, il faut la porter ici. Tout s'y trouve, je pense. Auriez-vous oublié le papier parfumé où sa majesté daigne parfois écrire ses réflexions? Non! le voilà. Ah! j'aperçois le baron Wilhem qui vient faire son rapport. *Aux Huissiers et aux Domestiques.* Vous pouvez vous retirer.

....

SCÈNE II

WILHEM, CHRISTIAN.

CHRISTIAN.

Eh bien, monsieur le secrétaire, qu'y a-t-il? que se passe-t-il?

WILHEM.

C'est au comte Éric lui-même, premier ministre, que le comte Norberg, ministre de la justice, m'a ordonné aujourd'hui de faire mon rapport.

CHRISTIAN.

Et le premier ministre, dont je suis le secrétaire intime, s'il vous en souvient, m'a ordonné de l'entendre en son absence. Je vous écoute. Au moment où la reine va se rendre solennellement au sénat pour accomplir son premier grand acte politique, vous nous devez un rapport sur les dispositions que vous avez remarquées dans la foule qui s'est déjà portée sur le passage de sa majesté. Parlez.

WILHEM.

J'ai traversé les faubourgs; ce n'est qu'un arc de triomphe d'un bout à l'autre. Les rues voisines n'ont pas été moins empressées à se parer d'inscriptions et de fleurs pour célébrer, ainsi que vous venez de le qualifier, le premier grand acte politique de la souveraine bien-aimée.

CHRISTIAN.

Oui, celle-là peut s'appeler sans mensonge la reine bien-aimée.

WILHEM.

Des femmes surtout.

CHRISTIAN.

De tout le monde, baron Wilhem.

WILHEM.

Des femmes par dessus tout, baron Christian; l'orgueil de leur sexe est flatté: il règne, il porte une couronne, il commande. C'est une femme, disent-elles, qui traite avec les plus grands rois de la terre sur le pied d'égalité. C'est une femme qui tient depuis trois mois le sceptre dans sa main blanche; c'est une femme qui va donner des lois à tout le peuple suédois.

CHRISTIAN.

Et les maris de ces dames font nécessairement partie du peuple suédois.

WILHEM.

Vous n'avez aucune idée de la joie, de l'inexplicable joie, je sors d'en être le témoin, qui vient de jeter tout un quartier sur le pavé de la rue Ducale, lorsqu'une voix s'est écriée: Voici la reine! mes amies! mes filles! la voici! elle vient! elle est à cheval! Cette petite toque noire! cette plume blanche qui voltige! l'éclair de ce diamant! ce velours qui flambe! c'est la reine! Et j'ai vu des femmes, toujours des femmes, baron Christian, qui pleuraient de bonheur, oublier leurs enfants au bout de leurs mains distraites; d'autres, qu'égarait leur soudaine ivresse, tomber à genoux. Et cependant, ce n'était pas la reine; ce n'était que son heureuse et jeune image, la jolie comtesse de Leuvenbourg, qui prend à tâche, vous le savez, de copier en tout le costume et les allures de la reine, comme pour se jouer des méprises de la foule, la comtesse de Leuvenbourg, le bras droit, la conseillère émérite de la reine, l'âme de cette politique dont le comte Éric, en dépit de ses compétiteurs, prétend rester le plus chevaleresque soutien.

CHRISTIAN.

Vous vous éloignez un peu de votre rapport, il me semble.

WILHEM.

Ensuite, pour me rendre ici j'ai traversé le parc.

CHRISTIAN.

Et sans doute la même affluence populaire dans les allées?

WILHEM.

Beaucoup de curiosité, mais moins d'enthousiasme. Les hommes se formaient par groupes, et d'un groupe à l'autre ces hommes paraissaient tous s'entendre sans se connaître. Les visages étaient inquiets, les conversations animées.

CHRISTIAN.

Peut-être était-il encore question du supplice de ce baron de Goertz qui eut l'imprudence de soutenir les prétentions du duc de Holstein après la mort de Charles XII, notre dernier roi.

WILHEM.

La cause n'était pas celle-là. Comme j'approchais du palais, la rumeur qui semblait me suivre est devenue plus forte et s'est concentrée du côté de la place de Gustave-Adolphe.

CHRISTIAN.

Si près!

WILHEM.

Une façon de gentilhomme, ivre, à ce qu'il m'a semblé, mais sachant porter son vin, vêtu d'une manière bizarre, et dont l'élégance plus que fanée sentait la misère, du haut d'un banc en guise de tribune, haranguait la populace en criant.

CHRISTIAN.

Quand on harangue, on crie toujours; que criait-il?

WILHEM.

Impossible de fendre la presse. Peut-être pérorait-il contre son excellence le comte Éric. On l'applaudissait à outrance et l'on riait.

LA MAIN DROITE ET LA MAIN GAUCHE

CHRISTIAN.

Passons. Aucune autre circonstance ne vous a frappé?

WILHEM.

Aucune autre. Ah! j'allais oublier! si ce n'est que le jeune homme surnommé l'amoureux de la reine, moquerie de courtisan dont il s'est fait un titre d'honneur, mesurait de ses pas soucieux la terrasse du château, et que le prince Hermann, l'époux de sa gracieuse majesté, s'occupait sur un balcon à tourner des orangers vers le soleil ; ceci se passait tandis que l'on accourait dans le parc à la voix séditieuse de cet original, dont personne n'a su me dire le nom.

CHRISTIAN.

Excellent prince Hermann! Il ne faisait donc pas attention à la foule émue?

WILHEM.

Qui ne faisait pas attention à lui.

CHRISTIAN.

Mais qu'est-ce donc que j'entends? D'où vient ce bruit?

L'HUISSIER.

C'est un homme qui vient de s'introduire.

CHRISTIAN.

C'est hardi!

Ici la voix entendue devient graduellement plus forte; on distingue ces mots

UNE VOIX.

J'entrerai; lorsque le poing proscrit l'étiquette, c'est le poing qui la lève.

Irruption soudaine de Domestiques sur le théâtre, et tumulte autour d'un homme irrité. Christian fait un geste, les Valets s'arrêtent.

WILHEM, à Christian

C'est l'homme qui pérorait dans le parc.

SCÈNE III.

WILHEM, CHRISTIAN, PALMER.

PALMER, *s'asseyant tout essoufflé dans le fauteuil destiné à la reine. Il lance son chapeau au loin.*

Deux minutes de repos, messieurs! rien que deux! une, car j'arrive des Grandes-Indes; l'autre, car j'ai lutté avec dix, vingt, trente domestiques, avec autant de domestiques qu'il s'en est trouvé devant moi. Faquins!

Sur un geste de Christian, les domestiques sortent

CHRISTIAN.

Monsieur passera les autres minutes de sa vie en prison.

PALMER, *toisant dédaigneusement Christian.*

Peut-être. Du moins j'aurai d'abord parlé au premier ministre.

CHRISTIAN.

Vous ne parlerez pas au premier ministre. Il faut d'autres titres que les vôtres et une autre manière de se présenter pour être admis en présence du comte Éric.

PALMER.

Éric, dites-vous? Emmanuel Éric?

CHRISTIAN

Sa seigneurie elle-même.

PALMER.

Sa seigneurie! Celui qui fut pendant six ans le sultan de mes festins, l'ancien, le fidèle compagnon de mes plaisirs, l'été à Stokholm, l'hiver dans le château du prince de Calmar.

WILHEM, *à part*

Que dit-il?

PALMER.

Quels souvenirs! chasse au cerf, chasse au renard, chasse au sanglier, chasse à nous rompre les os. Fête tous les lundis, tous les mardis, tous les mercredis, toute la semaine. C'est que le prince de Calmar faisait les choses en homme magnifique sur sa terre seigneuriale en Norwège. Pauvre Norwège! nous lui avons pris ses princes, nous lui avons laissé ses renards. Éric, premier ministre, mais ce n'est pas possible! Il en est tant de ce nom, assurément, c'est un autre. N'importe, je parlerai au premier ministre.

CHRISTIAN

Baron Wilhem, dites au capitaine des gardes de monter avec six de ses hommes.

WILHEM, *à part*

Il veut m'éloigner.

PALMER.

Un mot auparavant, je vous prie, puisque l'on ne veut pas que je m'adresse au premier ministre, ne saurait-on me procurer une simple entrevue avec le roi?

WILHEM.

Il n'y a pas de roi sur le trône.

PALMER.

Ah! le vieux roi est mort. Alors présentez-moi à son fils, son successeur naturel, je présume.

WILHEM.

D'où venez-vous pour ignorer que son fils s'est retiré dans un couvent?

PALMER

Le saint homme! Puisqu'il en est ainsi, j'exposerai ma plainte au frère du prince reclus, son héritier légitime, à défaut de son héritier direct.

WILHEM

Mais son frère est pourvu d'un trône ailleurs

CHRISTIAN.

En vérité, vous êtes trop bon d'écouter cet homme et de lui répondre

PALMER

C'est donc forcément leur neveu qui règne, mon bien aimé prince de Calmar. Tout de suite en ce cas, ma! tout de suite, je veux voir le roi.

WILHEM.

Il n'y a pas de roi, vous ai-je dit; ce neveu a abdiqué, et c'est sa fille, la princesse Dorothée, qui occupe le trône.

PALMER.

Sa fille! la princesse Dorothée... décidemen

* Wilhem, Palmer, Christian

monsieur, je vous invite à ne pas éloigner mon
entrevue avec la reine.

CHRISTIAN, d'un ton bref.
Baron Wilhem, allez.

WILHEM, à part.
Je saurai ce que c'est.

Il sort.

CHRISTIAN, à part.
Étrange personnage ! quels sont ses projets ?

PALMER.
Comment, c'est la princesse Dorothée qui règne ?
On dit que l'on apprend beaucoup en voyageant ;
moi, j'estime que l'on apprend davantage au retour. Ah ! c'est la princesse Dorothée qui règne !

CHRISTIAN, à part.
Écoutons-le ! peut-être se trahira-t-il.

PALMER.
Maintenant, je puis respirer à l'aise. Ma foi !
l'on est à ravir dans ce fauteuil. L'endroit me
plait. Je reprendrais mes habitudes sans peine.
Petits boudoirs et grands palais ; il n'y a que les
jolies femmes et les rois qui comprennent la vie.
Y a-t-il encore des jolies femmes en Suède ?
(Christian dirige son attention vers la porte
sans avoir l'air d'entendre.) Monsieur est distrait ?

Palmer presse son front dans ses deux mains.

CHRISTIAN, à part.
Ce ton léger, cet air rêveur, ces manières aisées...
je m'y perds.

PALMER, après un long soupir.
J'ai trente-huit ans, six passés dans les plaisirs
de cette contrée charmante, incomparable, divine... un peu froide... Les seize autres années
moins belles, beaucoup moins belles, ont été consumées dans l'Inde, où le démon m'a poussé. J'arrive, j'y passe un an, deux ans ; j'y ai quelques
succès ; mais, le croiriez-vous ? les cartes tournent,
et lorsque je veux retourner en Suède, on me retient quatorze ans. Pourquoi ? c'est ce pourquoi
qui m'amène ici. J'ai été joué ! horriblement joué !
Ils me le payeront, ceux qui m'ont ménagé ce
voyage sentimental sans consulter mes goûts ! Oh !
je veux parler à la reine !

CHRISTIAN, à part.
Sa tête serait-elle dérangée !

PALMER.
Et que n'avais-je pas quitté, juste ciel ! en me
rendant aux Grandes-Indes. Quels amis ! et permettez-moi de le dire, quelles amies ! Le capitaine Anderson, la plus courtoise lame du royaume ;
il tuait tout le monde. Qu'est-il devenu, ce cher
Anderson ? il me blessa seulement au poumon
droit ; j'étais son meilleur ami. Spadassin, soit !
mais quel beau dépensier ! il tuait l'or comme les
hommes. Et le brillant Wasa, qui malgré la
guerre avec la Russie, guerre acharnée, il vous
sourient, esquiva les flottes du czar, et s'empara, sous
le feu des sentinelles, de cinq cents bouteilles de
bordeaux qu'un Russe de ses amis avait déposées
sur la grève ! bues en un mois les cinq cents
bouteilles ! Bon jeune homme, excellent Wasa,
mort à vingt ans d'une hydropisie de poitrine.
Où diable avait-il pris tant d'eau ? Monsieur, êtes-
vous gentilhomme ?

CHRISTIAN, à part.
Décidément il est fou.

Les soldats arrivent avec Wilhem. Christian d'un signe les retient à la porte de l'appartement.

PALMER.
Et Daniel de Rozan, qui chantait si bien ! Et
Walberg, qui avait, Dieu me pardonne ! c'est à n'y
pas croire, quatre maîtresses, toutes les quatre
blondes et se nommant toutes les quatre Péné-
lope ! Après le souper, ni lui ni les autres, je
vous l'avoue, n'y reconnaissaient plus rien. —
Monsieur, soupe-t-on encore à Stokholm ?

CHRISTIAN.
Si ce n'est pas de la folie, qu'est-ce donc ?

PALMER.
Et la charmante Cornélia, qui pleurait toujours
au dessert ! elle avait le champagne lugubre ; et
Juliette, un serpent, sur mon honneur ! quelles
jolies paroles fines et piquantes elle nous sifflait
aux oreilles entre minuit et cinq heures du matin !
Elle ne croyait pas à l'aurore ; elle ne voulait jamais nous laisser partir. — Non ! non ! mes Roméo,
ce n'est pas le jour qui brille à l'Orient, nous di-
sait-elle avec le grand poète, non ! ce n'est pas
l'aurore, c'est la clarté du punch ! — Mais je vous
dis que je veux parler à la reine.

Il se lève avec violence.

CHRISTIAN, s'adressant au Capitaine des gardes,
qui croit qu'il est temps de s'emparer de Palmer.

Capitaine, j'ai supporté jusqu'à ce moment
l'indécent bavardage de cet homme ; avant de vous
le livrer, connaissons quelles étaient ses intentions en s'introduisant dans ce palais. Écrivez, baron Wilhem*.

WILHEM.
Volontiers. (A part.) Peut-être saurai-je quelque chose.

CHRISTIAN, à un soldat, en lui montrant le coussin
où Palmer a mis ses pieds.
Jetez ceci par la fenêtre. (A Palmer.) Votre
nom ?

PALMER reprend son chapeau et se couvre.
Le major Palmer.

CHRISTIAN.
Votre âge ?

PALMER.
Il me semblait vous l'avoir appris. Trente-huit
ans, monsieur ; ajoutez un quart d'heure ; il y a
juste un quart d'heure que je vous parle.

CHRISTIAN.
Aurai-je d'autres détails sur votre existence,
monsieur ?

PALMER.
Je vous en ai dit la plus belle moitié.

* Christian, Palmer.
* Wilhem, Palmer, Christian.

LA MAIN DROITE ET LA MAIN GAUCHE.

CHRISTIAN.

Avec qui périez-vous tantôt? quel était le sujet de votre discours en plein vent?

PALMER.

Ma noble détresse. Ayant perdu au jeu pendant la traversée l'argent de mon passage, le capitaine me poursuivait à terre pour le payement. Le créancier est amphibie. Que faire? que devenir? tous mes amis étaient absents.

CHRISTIAN.

Que nous importe cette histoire?

PALMER.

Cette histoire est la réponse à votre question.

CHRISTIAN.

Achevez-la vite.

PALMER.

Messieurs, ai-je dit alors à la foule, y aurait-il parmi vous quelque joueur? Personne ne répond. Le capitaine ne me lâche pas. J'allais désespérer de mon pays, lorsqu'un jeune homme me lance de loin sa bourse, que je rejette au capitaine. Vous êtes un joueur admirablement précoce, ai-je dit à mon bienfaiteur. Je suis l'amoureux de la reine, m'a-t-il répondu en regagnant l'allée du parc qu'il avait quittée pour venir vers moi. Mais je sais son nom et sa demeure.

CHRISTIAN.

Dans quel but avez-vous pénétré ici sous un tel costume?

PALMER.

Ne vous l'ai-je pas dit? dans le but de parler au premier ministre.

CHRISTIAN.

Vous pouvez me parler comme à lui-même, je suis son secrétaire intime.

PALMER.

Si je l'avais voulu, j'aurais eu le temps de le faire depuis que je suis ici; car à votre ton de maître, j'ai compris que vous étiez un secrétaire. Mais je ne m'adresse jamais qu'aux chefs. C'est plus simple.

CHRISTIAN.

Capitaine, fouillez cet homme.

Le capitaine visite les poches du major Palmer. Il donne à Wilhem tous les objets qu'il y trouve.

WILHEM.

Trois portraits de femmes.

PALMER.

Toutes trois m'ont trahi; créatures charmantes!

WILHEM.

Un petit livre ayant pour titre : Véritable martingale pour toujours gagner à tous les jeux de hasard.

PALMER, *d'un ton pénétré*.

C'est vrai.

CHRISTIAN, *avec curiosité, à Palmer.*

Qu'est-ce qui est vrai?

PALMER.

Le titre de l'ouvrage.

WILHEM.

Un paquet de tabac.

PALMER.

Je n'avais d'autre mauvaise intention que de le fumer.

WILHEM.

Une lime pour les ongles, un tire-bouchon, un flacon d'essence de rose, deux mouchoirs de batiste, un jeu de cartes et un sifflet d'argent.

CHRISTIAN.

Pourquoi ce sifflet? vous vous en serviez dans le parc pour réunir autour de vous des bandes de malfaiteurs.

PALMER.

Je m'en servais pour appeler mes chiens dans le temps où j'avais des secrétaires.

WILHEM.

C'est tout.

CHRISTIAN.

Conduisez maintenant cet homme à la maison des fous.

PALMER.

A la maison des fous! Prenez garde, monsieur, à ce que vous allez faire.

CHRISTIAN.

Aimez-vous mieux que l'on vous enferme avec les criminels? si vous n'êtes pas fou, vous êtes coupable.

PALMER.

Je ne suis ni l'un ni l'autre, entendez-vous? et je n'ai jamais donné dans ma vie de plus grande preuve de raison qu'en cette circonstance, puisque j'ai gardé le silence. Pour en venir à mes fins, j'ai voulu ce qu'il fallait : du scandale! rien de plus. Vous avez la force, je cède pour éviter un plus grand malheur; mais cherchez le premier ministre Éric, nommez-moi à lui; dites-lui ma conduite; il approuvera ma prudence. Vous ajouterez que j'exige de lui votre pardon pour la faute que vous allez commettre. C'est à cela seulement que vous devrez la conservation de votre place, monsieur le secrétaire intime.

CHRISTIAN.

A la maison des fous.

PALMER.

Il est de votre intérêt que je n'y reste pas long-temps.

CHRISTIAN.

Allez!

WILHEM, *à part.*

Le comte Norberg va tout savoir.

Il sort.

SCÈNE IV.

CHRISTIAN, *seul.*

On ne risque jamais rien à envoyer un homme dans une maison de fous. Quand on veut l'en faire sortir, on proclame qu'il est guéri. Avant la nuit, j'aurai complété mes renseignements sur ce major Palmer. A travers ses manières inconvenantes et son langage dissolu, le personnage de qualité se fait reconnaître. Sa démarche est calculée, son action tient aux menées d'un parti. Les agitations du dehors et sa présence ici coïncident par quelques points dont la liaison m'échappe, mais que saisira la profonde perspicacité du premier ministre. Le voici peut-être ! Non. C'est le prince Hermann.

SCÈNE V.

HERMANN, CHRISTIAN

HERMANN, *entrant précipitamment un papier à la main.*
Avez-vous vu la reine ?
CHRISTIAN.
Non, prince.
HERMANN.
Ah ! c'est vous, baron Christian. Je me félicite de la rencontre.
CHRISTIAN.
Prince...
HERMANN.
La reine doit s'arrêter ici avant d'aller au sénat.
CHRISTIAN.
Elle viendra pour assister au conseil des ministres.
HERMANN.
Je m'y trouverai... j'aurai occasion alors de lui montrer ce papier.
CHRISTIAN.
Les statuts de Charles XII ne permettent pas au mari de la reine d'assister au conseil.
HERMANN.
Soit. J'attendrai pour parler à Sa Majesté. Car il faut que je la mette dans la confidence du contenu de cet imprimé, il le faut : j'attendrai que la cour se rende en pompe au sénat, et alors je m'avancerai vers la reine.
CHRISTIAN.
Savez-vous saluer à la française ?
HERMANN.
Pourquoi cette question ?
CHRISTIAN.
C'est que pour approcher la reine dans un pareil moment, l'étiquette, toujours d'après les statuts de Charles XII, exige qu'on se présente en saluant à la française.
HERMANN.
Et ce salut ?
CHRISTIAN.
Rien n'est plus facile... Vous avez votre chapeau dans la main droite, votre main gauche s'appuiera sur le pommeau de votre épée ; vous ferez ensuite trois pas en arrière, et vous vous inclinerez en souriant ; trois à gauche, et vous vous inclinerez sans sourire ; trois autres pas à droite, et vous ne vous inclinerez pas. Cela fait, vous reprendrez votre première place et vous lancerez adroitement votre chapeau sous le bras gauche ; avec le bras droit, qui sera libre...
HERMANN.
Est-ce que ce n'est pas fini ?
CHRISTIAN.
Vous enverrez un gracieux salut à S. M. la reine, et vous pourrez alors lui dire...
HERMANN.
Je lui dirai qu'il est fort étrange qu'on ait osé écrire...
CHRISTIAN.
Permettez, prince. Dans quelle langue vous proposez-vous de parler à la reine ?
HERMANN.
Mais en suédois... à la cour de Suède... je ne le parle pas très-bien, mais enfin...
CHRISTIAN.
Vous vous exprimez avec beaucoup de grâce dans cette langue, prince ; mais les jours d'étiquette on ne parle qu'en latin à la reine de Suède. Savez-vous le latin ?
HERMANN.
Le latin de collège.
CHRISTIAN.
C'est fâcheux.
HERMANN.
Mais pourtant si je m'adresse en allemand ou en suédois à la reine, il faudra bien qu'elle me comprenne.
CHRISTIAN.
Elle vous comprendra, prince ; mais elle ne vous entendra pas... Les statuts de Charles XII...
HERMANN.
Monsieur Christian, c'est vous qui êtes venu m'annoncer, au nom des états d'Allemagne, que mon mariage avait été diplomatiquement conclu avec votre reine. Forcé, mais glorieusement forcé d'abandonner ma petite principauté, j'ai laissé aux états du nord dans votre personne le soin de régler tous les droits de ma souveraineté nouvelle, droits qui ne faisaient aucun doute à mes yeux. Mais, d'après ce qui se passe tous les jours autour de moi, je suis forcé de vous faire cette question, à laquelle je vous prie de répondre sans restriction : Franchement, que suis-je ici ?
CHRISTIAN.
Il m'est un honneur, prince, de vous répondre que vous êtes le mari de la reine.
HERMANN.
Très-bien ! Autrement, dit le roi, n'est-ce pas ?
CHRISTIAN.
Pas précisément ; il vaut mieux dire, pour être exact, le mari de la reine.
HERMANN.
Subtilité de mots.
CHRISTIAN.
Désignation positive, limite légale.
HERMANN.
Je le veux encore ; mais enfin si je n'ai pas le titre tout entier, si au contraire l'étiquette ne me fait pas grâce d'un salut, je désirerais bien savoir, après avoir connu les droits de tout le monde, quels sont aussi mes droits.

CHRISTIAN.

D'abord, prince, votre personne est sacrée; celui qui oserait vous faire la plus légère offense serait puni de mort comme s'il eût offensé la reine elle-même.

HERMANN.

C'est là un avantage pour les autres; parlons de mes droits.

CHRISTIAN.

Vous avez les plus beaux, les plus glorieux, ceux que tout le monde envie; vous régnez pleinement ailleurs.

HERMANN.

Où ça?

CHRISTIAN.

Vous régnez par l'amour et l'amitié sur le cœur de la reine elle-même en votre qualité de mari.

HERMANN.

A merveille, et soit qui s'entend. Je suis roi dans mon ménage.

CHRISTIAN.

Sans contredit.

HERMANN.

La reine est donc ma femme comme une bourgeoise est la femme d'un bourgeois; j'ai seul le droit de l'aimer comme un mari; vous en êtes sûr, il n'est pas besoin de bien savoir le latin pour cela; il n'existe pas, je présume, de statuts de Charles XII pour me contester ce droit?

CHRISTIAN.

Sans doute.

HERMANN.

Eh bien, que direz-vous de cet écrit qu'une main inconnue a glissé sur ma table, cet écrit que je voulais montrer à la reine, et dont elle sera aussi indignée que moi?

CHRISTIAN.

Que peut-il contenir?

HERMANN.

Voyez : cela est imprimé en toutes lettres.

Cercle des chevaliers de la Reine.

Art. 1er. Un cercle est formé à Stockholm, dont le but est de rassembler dans un même esprit d'union et d'attachement tous les admirateurs de la reine. Et soixante-douze articles, monsieur Christian, plus galants et plus passionnés les uns que les autres. Eh bien! qu'en dites-vous? l'attentat à mes droits n'est-il pas évident? n'est-ce pas une insulte à la reine? à moi, qui dois être son seul chevalier?

CHRISTIAN.

Mais c'est de la poésie, prince, de la poésie pure.

HERMANN.

Et moi je ne suis que de la prose.

CHRISTIAN.

Vous devez vous féliciter, prince, de ce que la reine est si universellement aimée et paraître en toute occasion ce que vous êtes au fond, l'heureux possesseur de la femme la plus belle, la plus adorée et la plus respectée du royaume. Sa beauté, mais c'est admirable a fait naître parmi nous une seconde chevalerie.

HERMANN.

Ainsi, selon vous, je n'ai pas le droit de me fâcher.

CHRISTIAN.

Il est des témérités qui sont des hommages.

HERMANN.

Ainsi donc, en Suède, chacun peut dire à la femme du roi qu'il l'aime? qu'il est son chevalier?

CHRISTIAN.

Si vous n'étiez pas roi ce serait absolument la même chose.

HERMANN.

Monsieur Christian, vous ne m'aviez pas dit cela.

....

SCÈNE VI.

CHRISTIAN, LA COMTESSE DE LEUVENBOURG, HERMANN

LA COMTESSE, *en costume d'amazone, entre en riant aux éclats, elle est suivie de domestiques.*

Prince, excusez l'excès de ma gaieté. *Elle rit encore.* Le conseil serait assemblé, le sénat tiendrait séance, l'archevêque d'Upsal serait présent, qu'en vérité je ne pourrais retenir le rire qui me presse. *(Aux Domestiques.)* Approchez; posez cette corbeille sur la table. *(Après avoir déposé la corbeille les Domestiques se retirent.)* Regardez, prince... regardez, baron Christian, ce que renferme cette corbeille.

HERMANN.

Si je ne me trompe, ce sont des lettres.

CHRISTIAN.

Ou des pétitions que des importuns ont lancées dans une des voitures de votre suite.

LA COMTESSE.

Prince, vous avez deviné; ce sont des lettres. Mais de qui? c'est là ce que ni vous, prince, ni vous, baron Christian, n'imagineriez en cent ans.

HERMANN.

Vous les avez donc lues?

LA COMTESSE.

Quelques-unes, quoiqu'elles fussent adressées à la reine, pour qui l'on m'a prise, et cela m'a suffi pour juger du contenu de toutes.

HERMANN.

De quelle cour étrangère auraient-elles été adressées en aussi grand nombre?

LA COMTESSE.

De quelle cour? des principales rues de Stockholm, que je viens de parcourir à cheval, suivie à distance de deux calèches de la maison de la reine. *(La Comtesse prenant une lettre dans la corbeille.)* Lisez : A Sa Majesté Ulrique Éléonore, reine de Suède.

HERMANN.

Vous rompez le cachet?

LA COMTESSE.

J'use d'un privilège que je dois à la confiante amitié de la reine.

Lisant

« Grande reine !

« Vous seriez la plus obscure des femmes, au lieu d'en être la plus belle et la plus illustre, que je n'en éprouverais pas moins pour vous une affection qui ne s'éteindra jamais. Vous possédez, assure-t-on, autant de poésie dans l'esprit que de simplicité au fond du cœur. Eh bien, je sais une chaumière sur les bords du lac où il fait bon rêver à deux entre les saules au murmure de l'eau. Quelle couronne d'or vaut une couronne de bluets ?

« Un étudiant d'Upsal en vacances.

« Laisser tomber sur le perron du grand théâtre, à la prochaine représentation, une réponse qu'on ose espérer. »

HERMANN.

Quelle audace ! je ne me permettrais pas d'en écrire autant.

LA COMTESSE, *prenant des lettres.*

C'est le droit de pétition porté à son plus haut degré. Mais continuons. Décachetez ! décachetez, prince ; je vous y autorise pour la reine, que j'amuserai de leur contenu ce soir à sa toilette.

HERMANN.

Puisque j'ai la permission de savoir ce qu'on écrit à ma femme...

Il brise le cachet.

LA COMTESSE.

Nous vous écoutons.

HERMANN, *à part, après avoir déplié la lettre qu'il tient.*

Mais cette écriture m'est connue ! elle ressemble à celle de... Oui, c'est la sienne. La lettre est peut-être signée ? (*Hermann tourne la feuille.*) Signée de son nom. Il est donc à Stockholm, et que peut-il écrire à la reine ?

LA COMTESSE.

Prince, qui vous arrête ?

HERMANN.

Je commence : (*Lisant.*) « Le jeune homme qui trace ces lignes téméraires, dont il n'attend pour récompense que le silence du mépris, est celui qui depuis deux mois, par le vent, la pluie ou la neige, passe ses longues journées et la moitié de ses nuits sous les croisées de votre palais, celui qui, inflexible dans sa volonté de vous voir et de vous approcher, a reçu deux coups de sabre au front de la main de vos gardes, et a senti passer une fois sur sa poitrine les pieds de vos chevaux. »

LA COMTESSE, *à part.*

Plus de doute, c'est lui ! Que d'amour et quel dévouement ! Comme il doit souffrir !

HERMANN, *à part.*

Ah ! c'est ainsi qu'il achève ses études à Upsal ! Si ce n'était pas lui, pourtant !

LA COMTESSE.

Éprouvez-vous quelque nouvelle difficulté, prince ? vous paraissez surpris...

HERMANN.

D'indignation !... (*Lisant.*) « Des insensés n'ont pas craint d'élever leurs vœux sacrilèges jusqu'à demander votre main, pardon pour eux, vous la descendante de tant de rois ! Moi, je n'avais qu'un espoir qu'un jour a détruit. Elle ne sera la femme de personne, me disais-je ; elle reportera au ciel plus éclatantes et plus pures les deux couronnes de Christine. »

LA COMTESSE.

Noble jeune homme !

HERMANN.

Vous le connaissez donc ?

LA COMTESSE.

Je l'ai vu plusieurs fois sur notre passage.

HERMANN.

Est-il jeune, beau, distingué ?

LA COMTESSE.

Il est tout cela.

HERMANN, *à part.*

Que puis-je croire, moi qui n'ai jamais vu Wilfrid ?

CHRISTIAN, *à la Comtesse.*

Jamais le prince Hermann n'a attaché autant d'importance à ces sortes de lettres écrites à sa majesté. Il est inquiet.

LA COMTESSE.

Eh bien ! prince, aurons-nous la fin ?

HERMANN, *sortant d'une demi-rêverie et reprenant.*

« Quelques jours après, vous deveniez la femme d'un petit prince de Danemark, ni beau, ni jeune, dit-on ; je ne l'ai jamais vu. » Je crois qu'il est question de moi dans ce passage.

LA COMTESSE.

Qu'importe ! poursuivez. Donnez plutôt, prince. *Elle prend la lettre des mains d'Hermann et elle lit.* « Un long cri de douleur se fit alors entendre parmi ceux qui vous aimaient. Leurs rangs furent tragiquement éclaircis. Les meilleurs partirent. Je suis de ceux qui sont restés, soutenus par l'espoir de vous servir encore. Pardonnez-leur, pardonnez-moi d'avoir vécu, car j'ai aussi un de ces projets dont l'exécution demande tout le courage, toute l'abnégation d'un homme. Mais j'ai dix-huit ans et je vous aime. « Wilfrid. »

HERMANN.

Quel est ce projet ?

CHRISTIAN.

Ce projet est quelque chimère.

LA COMTESSE, *à part.*

J'ai dix-huit ans et je vous aime ! oh ! pourquoi aime-t-il une reine !

HERMANN, *à part.*

Dans une heure, il aura la réponse à sa lettre, si toutefois c'est lui.

UN HUISSIER, *annonçant.*

La reine !

CHRISTIAN

Prince, voici la reine elle-même ; exposez-lui, puisque vous l'attendiez dans cette intention, vos nombreuses contrariétés maritales, et demandez-lui la sévère punition des coupables qui osent l'aimer.

Les portes du fond s'ouvrent. Christian se retire.

SCÈNE VII.

HERMANN, LE BARON RAAB, LE COMTE GEDDA, LE VICOMTE PLATEN, ÉRIC, LA REINE, LA COMTESSE.

LA REINE.

Qu'ai-je entendu, messieurs ? je ne veux pas qu'on punisse trop sévèrement ceux qui aiment notre royale personne. Je serais obligée de sévir contre vous le premier, prince.

ÉRIC.

Et d'exiler tous vos sujets en masse, vos ministres d'abord.

LA REINE.

Gardez votre meilleure amabilité, comte, pour mon bal de ce soir. (A la Comtesse.) Croiriez-vous, comtesse, que sa seigneurie avait conçu le projet de me le faire remettre à la semaine prochaine ?

LA COMTESSE.

Pour que celui que monsieur le comte donne lui-même ce soir fût plus brillant.

ÉRIC.

Comtesse, je désirais ce retard dans l'intérêt de la santé de la reine. La séance qu'elle va ouvrir ce matin au sénat sera longue, peut-être fatigante. La comtesse de Leuvenbourg trouverait-elle qu'un bal repose beaucoup ?

LA COMTESSE.

Mais oui, je le trouve.

LA REINE.

Et moi aussi.

ÉRIC.

Franchement, moi aussi.

LA REINE, s'adressant au secrétaire de la guerre.

Baron Raab, il y aura un échiquier dans une pièce tranquille, où il vous sera loisible de battre tout à votre aise son excellence l'ambassadeur turc. (Au comte Gedda, garde des sceaux.) Soyez heureux, comte Gedda ; le célèbre Stella, le grand compositeur, tiendra le clavecin de onze heures à minuit. Je n'ai pas voulu l'entendre avant vous. Nous l'applaudirons ensemble. (Au vicomte Platen.) Je veux vous voir faire un whist, vicomte Platen, avec un vieil amiral russe dont les boulets vous connaissent. (A Hermann.) Et vous, prince, vous garderez mon manteau lorsque je danserai.

HERMANN.

Enfin, j'ai un privilége !

LA REINE.

Mon cousin de Waldemar avait les mêmes droits que vous a cet honneur. Je vous ai préféré.

HERMANN, en s'inclinant.

Ce n'est qu'une concession.

LA REINE.

Maintenant, messieurs, aux affaires ! Elle s de nouveau vers le prince. Prince, voulez-vous m'aider à mener de front les plaisirs et les occupations ? Vous, versé, comme tout haut dignitaire danois, en science héraldique, examinez, prince, si mes dames de ma suite n'ont commis aucune erreur dans leurs costumes. Mon bal, on vous l'a déjà dit peut-être, doit offrir l'image embaumée du blason de notre beau pays. Toute dame de ma cour qui a une fleur peinte dans ses armes, portera une semblable fleur naturelle dans sa toilette, car tel est notre bon plaisir. Allez donc, prince, pendant quelques heures à votre maison de Rosendal, exercer votre érudition d'antiquaire et de botaniste.

HERMANN.

Votre majesté ne pense pas que mes lumières seraient de quelque utilité dans le conseil qu'elle va présider ?

LA REINE.

Je vous ai déjà dit, prince, ce que j'attends de votre complaisance. N'oubliez pas surtout de vous aider dans le choix des fleurs des conseils de madame Rodolphine, votre compatriote et votre protégée. M. Rodolphine est digne de l'emploi que vous avez obtenu pour elle au château de Rosendal. Ainsi, c'est convenu, je vous délègue un pouvoir absolu sur les coiffures, les nœuds, les mouches, les chaussures et les robes. La mission est délicate et je vous la confie.

HERMANN.

Je l'accepte.

LA REINE.

Je vous complimenterai bientôt, prince, sur la manière dont vous l'aurez remplie. A nous, messieurs.

HERMANN, se retirant avec lenteur.

Il paraît que je suis de trop ici.

LA REINE, aux Ministres.

Veuillez vous asseoir, messieurs.

HERMANN.

La comtesse de Leuvenbourg va se retirer aussi, je pense.

LA REINE.

Prenez place auprès de moi, comtesse.

HERMANN, à part.

Elle reste... et moi je sors... toujours d'après les statuts de Charles XII.

Hermann sort.

SCÈNE VIII.

LES MÊMES, excepté HERMANN.

LA REINE.

Vous êtes réunis ici, messieurs, pour vous entendre une dernière fois sur la rédaction du discours que je suis appelée à prononcer dans quelques instants devant les nobles et les évêques, et pour vous assurer que malgré mon inexpérience je saurai le dire avec la dignité d'une reine.

ÉRIC.

Dans un pays où le roi ne peut mal faire, la reine ne saurait mal dire.

LA REINE, *prenant son discours des mains d'Éric.*

Puisque vous jugez, messieurs, que l'absence du comte Norberg et du baron Brahé ne saurait nous empêcher de commencer la lecture de ce discours, je vous prierai de l'écouter. Je me lèverai, je me tiendrai ainsi, puis, inclinant légèrement la tête, je dirai : (*Elle fait tous ces gestes.*) « La Providence a daigné combler mes vœux les » plus chers en m'indiquant le choix d'un époux » selon mon cœur et les intérêts politiques de » mon royaume. » Si je parle ainsi, entendra-t-on bien ma voix, comte Éric?

ÉRIC.

Votre majesté n'a jamais eu la voix plus douce ni plus sonore. (*Aux autres Ministres.*) C'est votre avis, messieurs?

LE BARON RAAB, *sèchement.*

C'est notre avis.

LA COMTESSE, *bas, à la Reine.*

Excepté le comte Éric, Dieu! comme les hommes d'état sont laids!

LA REINE.

C'est qu'ils n'ont pas le temps d'être beaux. Mais, dites-moi, chère comtesse, avez-vous remarqué si ma coiffure s'est dérangée lorsque je me suis levée?

LA COMTESSE.

Pas une boucle n'a remué.

LA REINE.

Messieurs, je poursuis ma lecture.

● LES HUISSIERS *annoncent:*

Le comte Norberg, le baron Brahé.

TOUS LES MINISTRES, *excepté* ÉRIC.

Oh! enfin...

SCÈNE IX.

LES MÊMES, NORBERG, LE BARON BRAHÉ, *entrant tous les deux, pâles, les cheveux en désordre s'essuyant le visage avec leur mouchoir.*

NORBERG.

Le peuple m'a insulté.

LA REINE.

Insulté!

NORBERG.

Il m'a couvert de boue en criant : A bas les complices d'Éric, cet ennemi de la Suède! Rien ne se compare à la colère de ces hommes qui demandaient à grands cris le renvoi des dames d'honneur de la reine et celui de la comtesse de Leuvenbourg. Jugez-en, voyez cet exemplaire de l'affreux pamphlet, qu'on m'a lancé de toutes parts au visage. C'est odieux à lire.

ÉRIC.

Malgré votre indignation, vous avez donc eu assez de temps pour le lire?

NORBERG.

Pour le parcourir. Des calomnies sur vous, comte Éric.

ÉRIC, *froidement.*

Ah! c'est mal.

NORBERG.

Des outrages à la comtesse de Leuvenbourg et à la reine.

ÉRIC, *plus froidement.*

Je suis en bonne compagnie; voyons ce pamphlet. Très-bien! j'ouvre la marche.

Lisant :

« Éric n'est qu'un parvenu, un noble d'hier. »

Haut.

Singularité! le peuple qui aime la noblesse, les vieux titres! Continuons :

Lisant :

« Il n'a de force, d'éclat, d'autorité, que par les femmes; son appui lui vient d'elles, d'elles seules. »

Haut.

Je ne m'en plains pas.

Lisant :

« Quant à Sa Majesté, si elle ne veut pas que sa renommée de reine et sa réputation de femme soient soupçonnées, elle n'a qu'à renvoyer de son palais la comtesse de Leuvenbourg. »

La comtesse de Leuvenbourg prend dans sa main celle de la reine; elles sont émues toutes les deux.

NORBERG, *à part.*

La reine a peur.

LA REINE.

Poursuivez, comte!

ÉRIC, *lisant.*

« Belle comtesse de Leuvenbourg, racontez-nous votre origine. Est-il vrai que le comte de Leuvenbourg était déjà bien vieux quand vous vintes au monde? Est-il vrai que sa femme fut encore plus étonnée que lui de votre naissance? Vous auraient-ils ramassée à leur porte enveloppée dans un drap d'or? N'ont-ils pas tous les deux emporté dans la tombe ce secret chèrement récompensé? Comment êtes-vous si riche et si puissante, plus riche cent fois et plus puissante que vos parents que vous n'avez jamais connus? »

LA REINE.

C'est infâme!

LA COMTESSE.

Oh! m'attaquer jusque dans ma naissance! mais ce n'est pas le peuple qui dit de ces choses-là.

ÉRIC.

Je n'ai pas fini.

NORBERG.

Est-il bien nécessaire?...

ÉRIC.

Comte, je n'ai pas fini.

NORBERG, *à part.*
Bien ! il se porte le coup de grâce.
ÉRIC, *continuant à lire.*
« Non plus de cette armée de femmes que la comtesse de Leuwenbourg gouverne sous les ordres de l'impur Éric.»
LA COMTESSE.
Je sors.
LA REINE.
Restez. Écoutez-moi, messieurs ! J'avais appris par de fidèles rapports qu'une fraction du peuple avait juré d'arrêter ma voiture afin de forcer ma royale personne à commettre une injustice. Il y a de cela quinze jours, messieurs. La violence de la rue se proposait de m'arracher un édit tyrannique, au moment où je me rendrais de notre palais à Grimstadt ; l'insulte m'attendait au passage. Depuis trois mois, depuis le commencement de mon règne, elle gronde bien souvent autour de mon manteau royal. Mais, passons! Reculer à l'appel de ce défi, c'était encourager la révolte. Mais comment y répondre avec l'énergie dont je me sentais animée ? J'étais malade, je souffrais, je n'allais à Grimstadt que pour respirer l'air pur dont ma santé avait besoin. Mes lèvres faibles et courroucées expriment la douleur de ma situatuation. Aussitôt, je l'ai su depuis, une de mes dames d'honneur revêt mon costume, laisse flotter à son chapeau le voile dont on a l'habitude de me voir parée ; elle monte dans ma voiture et s'élance sur le pavé de Stockholm. La voilà au milieu de cette population immense qui détruirait, broyerait une armée en la pressant contre ses maisons. Fidèle à ses menaces, l'émeute paraît ; elle s'oppose à la fougue des chevaux, elle arrête les roues, cloue la voiture à sa place, et s'accroche, hideuse et hurlante, aux deux portières, dont les carreaux sont brisés. La dame d'honneur garde sa dignité, raffermit son courage, car elle représentait la reine et la royauté, et devant tant de sang-froid qui ne se dément point, la révolte, honteuse de ses excès, s'arrête, baisse la tête, recule et disparaît. Cette dame d'honneur, messieurs, c'était la comtesse de Leuwenbourg ; c'était cette intrépide et affectueuse enfant. Et vous voulez que je la chasse? Sur mon cœur, comtesse !
ÉRIC.
Admirable dévouement ! (*À part, et désignant Norberg.*) Voilà ce qu'il s'est attiré.
NORBERG.
Je l'admire aussi, mais qu'il me soit permis de parler à mon tour et que ma franchise égale mon respect.
ÉRIC, *à part.*
C'est prévenir qu'il va manquer de l'une et de l'autre.
NORBERG.
Habitué à la vie oisive, joyeuse, dit-on, qu'il menait depuis longues années au fond de la Norwège, dans ses terres, où certes il ne pensait pas que la royauté irait un jour le chercher, le prince de Calmar, votre père, refusa la couronne. Son meilleur ami, le comte Éric, fut le témoin, peut-être le conseiller de cette abdication. Vous, la fille unique du prince de Calmar, la voilà encore livrée aux douces distractions des arts, vous devîntes alors de droit reine de Suède. Votre majesté eut le tort peut-être d'appeler autour d'elle avec prodigalité des essaims de jeunes et jolies femmes, charmes de la société privée, parfois instruments involontaires des intrigues de cour.
LA REINE.
Ces jeunes femmes, messieurs, sont mes amies et non pas mes ministres ; elles embellissent ma cour et ne gouvernent pas l'état.
ÉRIC.
Comte, pourquoi blâmer le goût de la reine à s'entourer des plus nobles et des plus belles personnes de notre aristocratie ? Quoi ! ces doux caractères pousseraient le pays aux discordes civiles, ces jolis doigts allumeraient la guerre européenne, ces voix si tendres demanderaient aux lois des peines sévères contre les citoyens ! Rayonnante, gracieuse cour ! celle où la plainte éplorée trouve, en montant les degrés, en traversant les salles, un visage de femme qui s'incline et sourit, c'est l'espérance ; une main de femme qui s'avance, c'est la bonté, et au fond, sur son trône assise, une autre femme, plus belle, plus noble encore, la reine, qui apprécie, juge, récompense et pardonne. Messieurs, rien de grand sans les femmes !
NORBERG.
Vous possédez une verve éblouissante ! Vous étiez né pour être un homme du monde accompli.
ÉRIC.
Et un pauvre ministre.
NORBERG.
Pourquoi cela ? chacun se crée une manière de gouverner. Wolsey corrompait, Richelieu tuait, vous, vous dansez.
ÉRIC.
Je joue aussi quelquefois, et assez gros jeu.
DES HUISSIERS *crient :*
Les carrosses de Sa Majesté.
Après avoir donné cet avertissement, les Huissiers s'écartent et laissent passer une vingtaine de jeunes dames d'honneur parées pour accompagner la reine.
LA REINE.
Mesdames, messieurs, nous partons. Messieurs, au Sénat.
Tous s'en vont. Christian sort d'un cabinet et retient Éric.

SCÈNE X.

ERIC, CHRISTIAN.

CHRISTIAN.
Monseigneur, deux mots.
ÉRIC.
Promptement, la reine monte à cheval.
CHRISTIAN.
Un homme suspect est venu ici ce matin. Il

s'est introduit par force. Ses propos m'ont surpris, effrayé.

ÉRIC.
Effrayé! que voulait-il?
CHRISTIAN.
Vous voir!
ÉRIC.
Après?
CHRISTIAN.
Parler à la reine.
ÉRIC.
Son nom?
CHRISTIAN.
Le major Palmer.
ÉRIC.
Le major Palmer! où est-il? qu'est-il devenu?
CHRISTIAN.
Je l'ai fait conduire à la maison des fous.
ÉRIC.
A la maison des fous?
CHRISTIAN.
Cet homme est peut-être plus dangereux que je ne l'ai cru. L'enverrai-je en Laponie? Dans une heure on peut l'embarquer, les fers aux pieds, le bâillon à la bouche.

ÉRIC, pensif.
Non! maudit obstacle! Palmer à Stockholm!
CHRISTIAN.
Il y a des cachots qui trempent dans le lac.
ÉRIC.
Non! non!
CHRISTIAN.
Disparaîtra-t-il pour toujours? Qu'en faire?
ÉRIC.
Qu'il soit libre! libre sur l'heure. Courez à la maison des fous, délivrez-le... Allez-y vous même, mais ne le quittez pas; conduisez-le à mon hôtel; j'y serai aussitôt que vous; je presserai mon retour. Palmer à Stockholm! Enfermez-vous avec lui dans mon cabinet; qu'il ne communique avec personne, et si un mot de tout ceci sort de votre bouche, savez-vous qui disparaîtra? Vous!

ACTE DEUXIÈME.

Le théâtre représente un salon qui s'ouvre sur les jardins de Rosendal, par trois portes vitrées à cintre, auprès desquelles s'élèvent des orangers dans leurs caisses. Sur plusieurs rangs d'étagères on voit des pots de fleurs. Les murs, peints à fresque, offrent les figures symboliques des saisons. L'aspect général rappelle un endroit consacré à l'étude et à la culture de la botanique. On aperçoit très-distinctement que le pavillon botanique où la scène a lieu n'est qu'une dépendance du château.

SCÈNE PREMIÈRE.

CLAUS, RODOLPHINE, LE BARON DE HORN, *et quelques-uns de ses compagnons, emportant des fleurs. Claus est occupé à inscrire sur un registre les espèces de fleurs qu'on a choisies.*

RODOLPHINE.
Puisque la reine met les belles fleurs de son jardin de Rosendal à la disposition du baron de Horn et de ses amis, je n'ai, monseigneur, qu'à obéir aux ordres de sa majesté. Claus, écris au livre de sortie.

CLAUS.
Oui, madame.
Le baron de Horn et ses amis saluent et sortent.

SCÈNE II.
CLAUS, RODOLPHINE.

RODOLPHINE.
A la fin, ils sont partis! parlons de mon fils. Wilfrid n'a pas couché ici cette nuit.
CLAUS.
Je l'ignorais, madame.
RODOLPHINE.
Écoute-moi, Claus : alarmée de la douloureuse tristesse où je le vois de plus en plus plongé, je suis montée hier au soir dans le pavillon qu'il habite depuis sa maladie; j'y allais afin de lui arracher par mes prières un éclaircissement, quelque aveu... Tu m'écoutes?
CLAUS.
Toujours, madame.
RODOLPHINE.
Wilfrid était sorti.
CLAUS.
Nous étions sortis, oui, madame.
RODOLPHINE.
Sais-tu ce que j'ai trouvé sur sa table?
CLAUS.
Pas encore, madame.
RODOLPHINE.
Une fiole d'opium, du poison! mon fils veut mourir.
CLAUS.
Je la jetterai dans les bassins du château.
RODOLPHINE.
Je l'ai brisée sous mes pieds.
CLAUS.
C'est mieux, madame.
RODOLPHINE.
Oui, mon malheureux fils a une idée fixe, le suicide... Si jeune, si aimé!... Qui lui a donc inspiré ce dégoût de la vie et la résolution d'en sortir? Le sais-tu, Claus?

CLAUS.
Non, madame.

RODOLPHINE.
Mais Wilfrid est toujours avec toi?

CLAUS.
C'est moi qui suis avec lui, madame.

RODOLPHINE.
Aurait-il la passion du jeu?

CLAUS.
Non, madame.

RODOLPHINE.
Mais où te mène-t-il quand vous sortez?

CLAUS.
Dans les jardins publics, dans les parcs des maisons royales, a Grimstadt; je marche jusqu'à ce qu'il soit fatigué; souvent il me renvoie brusquement.

RODOLPHINE.
Es-tu quelquefois revenu sur tes pas, pour savoir où il allait sans toi?

CLAUS.
Jamais, madame.

RODOLPHINE.
Claus?

CLAUS.
Madame.

RODOLPHINE.
Il faut surveiller mon fils. Je n'en doute pas, il existe une cause à son chagrin; nous la découvrirons, si tu m'aides; j'attends de toi ce service.

CLAUS.
Bien, madame.

RODOLPHINE.
Mais il ne revient pas... Du haut du belvédère je vais voir s'il arrive. (*Rodolphine revient sur ses pas.*) Claus, encore un mot: j'ai un soupçon; mon fils aime peut-être..... Il aime, c'est là son mal, n'est-ce pas?

CLAUS.
Oui, madame.

RODOLPHINE, *à part.*
Quel homme! il ne dit jamais que ce qu'on lui fait dire, rien de plus, rien de moins. Maintenant j'attendrai Wilfrid avec moins d'impatience.
Elle sort.

CLAUS, *seul.*
Et si madame avait ajouté: Claus, connais-tu la femme qu'aime mon fils? j'aurais répondu: Oui, madame. Puisqu'elle ne me l'a pas demandé, c'est qu'apparemment elle ne veut pas le savoir. J'entends marcher; qui peut venir? le prince Hermann! sitôt aujourd'hui! retirons-nous.

Claus rentre dans le cabinet à droite du spectateur.

SCÈNE III.

HERMANN, *entrant d'un air harassé.*

Personne! j'en étais sûr, personne!

Il tire le cordon de sonnette placé du côté droit, celui par où il est entré. Il sonne plus fort, deux valets paraissent.

Ma robe de chambre, un bouillon sur le champ.

Les valets saluent et sortent. Hermann secoue le cordon de la sonnette de la droite qui porte à gauche du spectateur. Deux autres valets paraissent.

Un flacon de madère, avancez-moi ce fauteuil.

Le valet avance le tout, etc. Hermann court en traversant le théâtre à la porte de l'appartement placé à la droite du spectateur. Il se dispose encore à sonner; mais cette fois la porte s'ouvre avant le coup de sonnette, et Rodolphine se présente.

SCÈNE IV.

HERMANN, RODOLPHINE.

RODOLPHINE.
Que veut dire tout ce bruit?

Au même instant elle aperçoit tous les domestiques appelés par Hermann, dans l'exercice de leur fonction spéciale. Le valet de chambre lui présente sa robe de chambre; un autre lui apporte un bouillon, le troisième un flacon de madère sur un plateau, tandis que le quatrième pousse le fauteuil jusqu'à ses pieds. Rodolphine reprend.

Mais qu'est-ce que cela signifie?

HERMANN, *aux Domestiques.*
C'est bien, très-bien de m'avoir obéi avec ce zèle et cette promptitude. Je vous chasse tous.

RODOLPHINE, *bas à Hermann.*
Vous m'alarmez pour votre raison, Hermann.

HERMANN, *bas à Rodolphine.*
Ce n'est qu'une plaisanterie. (*Haut à ses gens*) Vous êtes de loyaux serviteurs dont je ne me séparerai jamais. On vous comptera une gratification. Vous pouvez vous retirer maintenant.

Les Domestiques se retirent.

RODOLPHINE.
Mais que veut dire?...

HERMANN.
Pour la tranquillité même de ma raison, j'avais besoin, Rodolphine, de faire cet essai de ma volonté sur celle des autres, de commander pour savoir si je serais obéi, et de défaire au même instant ce que je venais de faire, ce qui est la meilleure preuve du bon sens chez les hommes. Ils me rendront fou là-bas.

Il tombe accablé sur le fauteuil.

RODOLPHINE.
Vous venez de la cour.

HERMANN.
Oui, ma journée de roi est à peu près finie.

RODOLPHINE.
Vous devez sortir à peine cependant du sénat.

HERMANN.
Je sors de ma chaîne. Est-ce qu'il y a un sénat pour moi? Le mari de la reine, sais-tu ce que c'est?

RODOLPHINE.
Ce n'est pas un homme heureux, si j'en juge par vous.

HERMANN.

J'ai attendu deux heures ce matin un bouillon que je finirai par prendre ici. Mais cela ne durera pas, et le comte Norberg, que j'attends...

RODOLPHINE.

Et ici vous reprenez votre liberté tout entière; ici on est heureux d'aller au-devant de vos désirs, de faire votre volonté. Que ne vous laissait-on tranquille et oublié dans votre principauté!

HERMANN.

Oui, où j'étais si facilement heureux entre la chasse, la pêche et la douce culture des fleurs; me levant avec le soleil, me couchant un peu après lui. Des sujets! on n'en fait plus comme eux... Et puis dans ce temps-là, pour couronner tant de félicité, toi, Rodolphine, discrète et mystérieuse compagne, amie par le cœur, femme par le titre, mère pleine de préjugés, de complaisances folles, irréfléchies, de faiblesses, mais d'une tendresse adorable pour son fils.

RODOLPHINE, à part.

Assurément il sait quelque chose sur Wilfrid, il veut m'en parler. (*Haut.*) Peut-être eussiez-vous mieux fait, Hermann, d'avouer à l'envoyé des États du nord, quand il vint vous proposer d'épouser la reine de Suède, que vous étiez secrètement, mais légitimement, marié avec moi.

HERMANN.

Tu oublies que les États d'Allemagne ne me proposèrent pas ce mariage, ils me le signifièrent avec ordre d'y souscrire sur-le-champ. Ensuite, quel résultat aurait eu l'aveu public de notre mariage? qu'aurait-il empêché? Est-ce que la plupart des princes allemands ne sont pas ainsi que moi engagés dans les liens secrets de ces sortes de mariages appelés morganatiques, excellents aux yeux de la religion qui les consacre, bons devant la loi quand on a intérêt à les lui révéler?

RODOLPHINE.

Et nuls et sans valeur, mariages de comédie, lorsqu'on a un intérêt plus grand à les cacher pour contracter quelque haute alliance. Les enfants morganatiques deviennent ce qu'ils peuvent; on ne s'en occupe plus, on évite d'en parler. (*A part.*) J'affronte le péril: voyons s'il s'agit de Wilfrid.

HERMANN.

On s'en occupe, on est bien forcé de s'en occuper quelquefois.

RODOLPHINE, à part.

Il sait qu'il est à Stockholm.

HERMANN.

Moi, j'ai mieux fait. En subissant la tyrannique nécessité d'un second mariage, je t'ai envoyée ici avant d'y venir moi-même; sous le prétexte si naturel de conserver mes habitudes de botaniste, je me suis réservé le droit de m'entourer des personnes qui dans ma principauté du Danemarck m'aidaient à cultiver mes fleurs; et tu es pour moi, Rodolphine, le plus doux souvenir de la patrie. Tu es pour moi la patrie même.

Il prend la main de Rodolphine.

RODOLPHINE.

Moins votre fils.

HERMANN.

Maintenant, Wilfrid n'est plus si loin de nous; Upsal et Stockholm se touchent.

RODOLPHINE.

Je le croirai toujours trop loin.

HERMANN.

Une mère! sur ses genoux un enfant est encore trop loin de sa bouche. Wilfrid est ici.

RODOLPHINE, à part.

Il le savait. (*Haut.*) Qui vous l'a dit?

HERMANN.

Il est ici, je le sais.

RODOLPHINE.

Eh bien, oui, depuis trois mois il est à Stockholm.

HERMANN.

Quoi! malgré ma défense! sa place est-elle ici? à Stockholm, foyer du vice, où, s'il échappe au gouffre du jeu, il se laissera entraîner par quelque passion plus funeste encore. (*A part.*) Si elle savait ce qui me fait parler ainsi!

RODOLPHINE, à part.

Je ne sais que penser de sa sévérité. (*Haut.*) Je connais assez votre fils pour répondre de lui.

HERMANN.

Et qui me répondra de sa mère, dont il est l'idole? Dans notre intérêt à tous, il faut que Wilfrid s'éloigne aujourd'hui même de Stockholm, de la Suède.

RODOLPHINE.

Quoi! tout de suite, Hermann? malade, souffrant comme il est; mais c'est le tuer.

HERMANN.

Attendrai-je qu'il découvre que son père, le prétendu marchand de Dantzick, est le prince de Danemarck, devenu le mari de la reine de Suède?

RODOLPHINE.

Cela n'est pas à craindre, puisqu'il ne vous connaît pas. Wilfrid croit que son père navigue en ce moment sur les mers du nord, pour agrandir ses relations commerciales.

HERMANN.

Pour qu'il n'en sache jamais davantage, il s'embarquera ce soir pour l'Amérique; son passage est arrêté.

RODOLPHINE.

Alors, je partirai avec lui.

HERMANN.

Toi! partir! qu'as-tu dit?.. toi, me laisser! y songes-tu? et que deviendrais-je, seul, ici? qui écoutera mes plaintes? qui m'aimera?... Est-ce que je puis me passer de toi?

RODOLPHINE, à part.

Quelle idée! si le cœur du prince se souvenait, celui du père céderait peut-être, et Wilfrid resterait avec moi. (*Haut.*) Vous me pressez trop

...ort la main. Vous devez faire crier la reine, si ...ous la lui serrez ainsi.

HERMANN.

La reine... la reine... on ne serre pas la main à la reine ; ce n'est pas l'usage. Sur mon honneur, je n'avais jamais remarqué combien la sienne est blanche, délicate.

RODOLPHINE.

Vous la préférez donc à celle de la reine ? c'est ...t obligeant pour moi... Wilfrid restera bien ...ncore huit jours ici.

HERMANN.

Soit. Est-ce que je ne te préfère pas à toutes ...s femmes du monde ?

Il cherche à baiser la main de Rodolphine.

RODOLPHINE, *l'arrêtant.*

Prendre la main, c'est de l'amitié.

HERMANN.

Baiser la main, c'est du respect. (*Rodolphine ...tire sa main.*) Voyons, passons un traité ; je ... laisse ton fils pendant trois mois.

RODOLPHINE.

C'est un devoir, Hermann, de votre part ; mais ... vous en remercie... continuez : vous me laissez ...on fils pendant un an.

HERMANN.

J'ai dit trois mois.

RODOLPHINE.

Non, un an.

HERMANN.

Accordé. Écoute mes conditions, maintenant.

RODOLPHINE.

Prince, je vous écoute.

HERMANN.

Prince !... l'étiquette me poursuit partout... Je ...is une reine, j'en trouve une autre.

RODOLPHINE.

Achevez donc... Wilfrid restera deux ans ici, ... pour récompense, vous exigez de moi...

HERMANN.

Parle-moi comme à ton frère, comme à ton ...ls, comme à Claus ; ne me dis pas vous.

RODOLPHINE.

Pauvre Hermann !

HERMANN.

Que j'entende sortir de ta bouche notre doux ...ngage d'autrefois, lorsque nous étions ensemble, ...rsque j'étais heureux.

RODOLPHINE.

Eh bien, Hermann, tu consens à ce que ton fils ... me quitte jamais.

SCÈNE V.

LES MÊMES, CLAUS.

CLAUS.

Prince, une grande nouvelle.

HERMANN.

Qu'est-ce donc ?

CLAUS.

Cette tulipe si rare, que nous avons eu tant de peine à transporter d'Allemagne...

HERMANN.

Parle ! je suis prêt à tout ; est-elle morte ?

CLAUS.

Elle est éclose.

HERMANN.

Ciel !

CLAUS.

Elle est magnifique ; des couleurs superbes.

HERMANN.

Vraiment !... je cours la voir, l'admirer. Quelle gloire ! J'aurai le grand prix cette année au concours de Harlem. (*Il revient.*) Écoute, Claus ; le comte Norberg doit se rendre ici ; va sur le perron ; dès qu'il se présentera, rentre et agite cette sonnette qui correspond à la serre des tulipes, et je reviendrai aussitôt.

CLAUS.

Oui, prince.

HERMANN, *à part.*

Quand j'ordonne qu'on me commande, je dois être à peu près sûr d'être obéi. (*Haut.*) Quel bonheur ! ma tulipe est sauvée.

Hermann et Claus sortent tous les deux, l'un à droite l'autre à gauche.

RODOLPHINE, *seule.*

Ma victoire sur Hermann m'impose le devoir de veiller plus étroitement encore sur Wilfrid... Je prends sa conduite sous ma responsabilité maternelle. Ses fautes justifieraient les craintes de son père. Je le verrai, je lui parlerai. Mais j'entends marcher ; on vient, c'est lui.

SCÈNE VI.

RODOLPHINE, WILFRID.

WILFRID.

C'est moi, ma mère !

RODOLPHINE.

Comme vous êtes triste ! que je vous trouve pâle !

WILFRID.

Ma blessure au bras me fait toujours souffrir.

RODOLPHINE.

Il ne vous est rien arrivé de fâcheux, pendant votre absence ?

WILFRID.

Pourquoi cette question, ma mère, et votre air effrayé ?

RODOLPHINE.

Les mères, vous le savez, ont des craintes folles. Je ne vous ai pas entendu rentrer la nuit dernière, il me semble.

WILFRID.

Il était un peu tard, en effet, quand je me suis retiré, et comme on avait oublié de fermer la grille, je suis rentré au château sans que vous ayez entendu sonner.

RODOLPHINE.

Oh! alors tout s'explique (*A part.*) Comme il réussit mal à me tromper! (*Haut.*) Mais au lieu d'être toujours dehors et de vous épuiser à marcher de longues heures dans la ville, que ne restez-vous plus souvent ici, où le repos et mes soins affectueux vous guériraient si vite?

WILFRID.

Je vous assure, ma mère, que cette blessure est la seule cause de mes inquiétudes. J'ai besoin d'en oublier les douleurs dans les distractions de l'absence.

RODOLPHINE.

Vous me trompez, Wilfrid; ce n'est pas au bras qu'est votre plus grand mal.

WILFRID.

Quand vous me regardez ainsi, je ne puis mentir.

RODOLPHINE.

Vous aimez.

WILFRID.

Vous l'avez deviné.

RODOLPHINE.

Je n'ai rien deviné: vous me l'avez dit, votre silence a parlé. Heureuse mère, je suis sauvée; j'ai le secret de mon fils... Et le nom de ma rivale? (*Wilfrid ne répond pas, il soupire.*) Wilfrid, vous vous taisez... Vous avez trop de noblesse au cœur, mon Wilfrid, pour que je voie dans votre silence et dans vos soupirs la crainte d'avouer une passion indigne de vous.

WILFRID.

Celle que j'aime est simple et belle, ma mère; je ne sais point pourquoi je l'aime, mais je l'aime!

RODOLPHINE.

Eh bien, je ne vois pas dans tout ce que vous dites de quoi vous attrister si fort... Attendez donc, amoureux sans patience: elle vous aimera à son tour. N'êtes-vous pas assez beau pour lui plaire? Où avez-vous rencontré cette femme adorée? où avez-vous vu cette divinité sur la terre?

WILFRID.

Je l'ai vue dans la rue, un jour qu'elle passait, et que j'avais relevé la tête pour regarder le ciel.

RODOLPHINE.

Quelle importance vous donnez, mon Wilfrid, à la passion que vous a inspirée en passant une jolie femme, qui porte un petit bracelet d'or pour couronne au-dessus de ses armes! Ne soyez donc pas si ténébreux pour une baronne.

WILFRID.

Une baronne! Vous ne m'avez pas compris.

RODOLPHINE.

Ou bien une vicomtesse: l'erreur n'est pas grave... mettons quelques perles de plus à son diadème.

WILFRID.

Si ce n'était qu'une vicomtesse!

RODOLPHINE.

Dites-moi tout de suite que vous aimez une duchesse, et ne me faites pas chercher davantage.

WILFRID.

Une duchesse!

RODOLPHINE.

Cette fois, Wilfrid, votre sourire me confond. Qu'est-ce donc que cette femme?

WILFRID.

Un ange!

RODOLPHINE.

Ah! vous me rassurez; j'aime mieux cela. Je comprends maintenant pourquoi c'est en levant les yeux au ciel que vous l'avez vue. Vous a-t-elle remarqué, du moins?

WILFRID.

Entre elle et moi il se place tant d'hommes bruyants et armés quand elle traverse la ville en grande pompe, et elle court si vite sur son cheval le long de nos parcs, lorsqu'elle va seule, que je ne l'aperçois jamais que comme une ombre. J'ai beau m'efforcer de courir, pour lutter de vitesse, j'arrive toujours trop tard. Peine inutile! efforts du naufragé! Déjà bien loin devant moi, à l'horizon qui se referme, roulent des nuages de poussière, et dans cette poussière à peine distingue-t-on, soleil du char qui la porte, des roues dorées, dont l'éclat s'efface, dont le bruit s'éteint... Puis rien! Autour de moi le silence, près de moi une pierre: je m'y assieds et j'attends que mon souffle soit revenu dans ma poitrine, que mon cœur ait cessé de battre.

RODOLPHINE.

Wilfrid, vous me faites peur.

WILFRID.

Si, l'attendant sur son passage, je veux écarter la foule pour contempler de plus près son visage céleste, un sabre me repousse, une voix me crie: Passez au large!

RODOLPHINE.

Dieu ait pitié de votre mère! vous aimez la reine! (*A part.*) Je suis perdue!

WILFRID.

Si pendant la nuit je m'avance à pas soupçonneux dans l'ombre que fait son palais, pour ne laisser qu'un mur entre elle, qui m'ignore, et moi qui souffre, pour n'avoir qu'elle entre le ciel et moi, la sentinelle éveillée relève l'arme et me crie: Passez au large!

RODOLPHINE.

Ah! ils me le tueront un jour!

WILFRID.

Une fois, pourtant, je fus heureux, ma mère. Une émeute terrible hurlait autour de sa voiture, dont le dôme fragile craquait sous le poids du peuple. Je me hâte, je déchire la foule, je me fais jour, je traverse l'escorte, et plus fort que les bras du dragons, que les dragons, dont les sabres ploient sur ma poitrine, courent dans mes cheveux, je monte sur une roue et je me trouve à côté de la reine. Debout sur cette roue, où mes pieds chancelaient, je ne sais ce que j'ai dit à l'émeute; mais l'émeute s'est retirée, les dragons se sont élancés sur la chaussée, et la voiture de la reine... je m'étais oublié sur la roue... la voiture a couru. Cette fois, je n'ai pas entendu crier: Passez au large! J'étais sous les pieds des chevaux!

RODOLPHINE.

Vous êtes un méchant, Wilfrid, vous n'aimez plus votre mère. (A part.) Il me dit tout, pauvre enfant!... Il ne sait pas qu'il me tue en parlant ainsi.

WILFRID.

Moi! je vous aime plus que jamais; et ma tendresse pour vous s'accroît de toute mon adoration pour elle. Vivre pour vous, mourir pour elle!

RODOLPHINE, à part.

Mourir! il veut mourir!... Oui, ce poison, ces pensées de destruction!... De la prudence, malheureuse mère, de la prudence! (Haut.) Mais, mon Wilfrid, mon fils, n'y songez-vous pas? La reine est mariée!

WILFRID.

Voilà que vous raisonnez avec mon délire! N'eût-elle pas été mariée, est-ce que la reine m'aurait aperçu? Et m'eût-elle aperçu, est-ce qu'elle eût daigné laisser tomber un regard favorable sur le fils d'un obscur marchand de Dantzick? Elle eut étouffé un sourire dans son mouchoir, et lancé la raillerie et le mouchoir par la portière de sa voiture.

RODOLPHINE.

Vous voyez donc, mon fils, combien vous rêvez une chose impossible, fatale, monstrueuse! Renoncez-y; tout est péril, tout est mort, tout est déshonneur dans votre coupable chimère.

WILFRID.

Péril, déshonneur, mort, qu'importe! je l'aime! je l'aime!

RODOLPHINE.

Eh bien, sachez donc... Des pas dans cette galerie! (A part.) Merci, mon Dieu! j'allais tout lui dire; Hermana seul doit tout savoir. (Haut.) Wilfrid, cessez d'aimer la reine, il y va de ma vie...

Elle sort précipitamment.

WILFRID, seul.

Il y va de sa vie!... que veut dire ma mère par ces paroles? Je l'aurai effrayée par la démence de ma passion. Mais enfin, quel est le danger que je cours en aimant la reine?

SCÈNE VII.

WILFRID, PALMER.

PALMER.

Quel danger! je viens vous le dire.

WILFRID.

Que vois-je?... l'homme à qui ce matin...

PALMER.

Vous avez donné votre bourse, et qui vient vous la rendre.

WILFRID.

Déjà! mais vous sembliez, il y a à peine quelques heures, dans une position assez difficile... Cet or...

PALMER.

Je voudrais l'avoir gagné au jeu; le choix des moyens ne m'a pas été laissé. La source n'en est pas moins pure : je le tiens du comte Éric, à qui je ne le rendrai pas. Il peut compter sur ma probité.

WILFRID.

Le premier ministre!

PALMER.

Sans doute, c'est mon meilleur ami ; il m'a fait d'abord arrêter.

WILFRID.

Et pour quel motif?

PALMER.

Heureux âge que le vôtre, où l'on demande encore le motif d'une arrestation! Pourtant Éric en avait un. Ne me le demandez pas... Il m'a fait de sincères excuses ; nous nous sommes serré la main, et dans sa main il y avait vingt mille livres en billets de banque.

WILFRID.

Vingt mille livres!

PALMER.

Un simple à-compte... Ce qu'on me doit n'entrerait pas dans le vaisseau qui m'a ramené. Mais patience jusqu'à ce soir.

WILFRID.

Mais qui êtes-vous donc?

PALMER.

Je ne le saurai que ce soir... Maintenant, je suis votre ami et toujours votre obligé, et à ce titre je viens vous donner un avis et un conseil. L'avis est sérieux, très-sérieux.

WILFRID.

Quel est-il?

PALMER.

De vaincre, de surmonter, d'étouffer votre amour pour la reine. Le conseil est plus gai que l'avis ; ce conseil est de vous créer une passion nouvelle, accommodante, facile. (Il prend Wilfrid sous le bras.) Voulez-vous souper avec moi ce soir?

WILFRID.

Souper avec vous? Pourquoi?

PALMER.

Pour souper... Nous ne serons pas seuls. Je ne suis pas tellement dépaysé que je ne puisse trouver encore à Stockholm, dans quelque réunion respectable, une cantatrice italienne, une princesse portugaise, une danseuse française et une duchesse espagnole. Nous souperons aux Quatre-Nations. Pendant deux mois le même régime, et vous êtes guéri.

WILFRID.

Je ne veux pas guérir!

PALMER.

Vous ne savez pas ce que vous refusez.

SCÈNE VIII.

WILFRID, DONALD, PALMER.

DONALD.
Je te cherche, Wilfrid; le cercle est assemblé.

PALMER.
Un cercle politique?

DONALD.
Pour qui nous prenez-vous?... Le cercle des chevaliers de la reine?

PALMER, à part.
Des chevaliers de la reine!... Qu'est-ce que cela?...

DONALD.
On n'attend plus que toi. Il y a convocation extraordinaire pour le bal costumé donné par la reine: nous avons résolu qu'un de nous y entrerait.

PALMER, à part.
Un bal chez la reine!

WILFRID.
Oh! aller à ce bal! voir la reine! passer près de la reine! danser peut-être avec elle! et en dansant avec elle tenir sa main dans la mienne! Ce bonheur me rend jaloux, envieux. Mais comment pénétrer dans ce bal?

DONALD.
Un de nous y entrera, te dis-je... Écoute: dans son goût exquis, la reine a décidé ce matin que chaque dame d'honneur aurait dans ses cheveux une fleur naturelle, image de la fleur peinte dans ses armes, et que chaque homme portant à la boutonnière la fleur adoptée par l'une de ces demoiselles d'honneur serait de droit son chevalier pour toute la soirée.

WILFRID.
Quelle fleur a choisie la reine?

DONALD.
Là était le mystère; mais un de nos espions a surpris le secret à un domestique de la cour.

WILFRID.
Quelle est cette fleur?

PALMER, qui s'est assis dans un fauteuil.
Oui, quelle est cette fleur?

DONALD.
Qui êtes-vous, monsieur?

PALMER.
Un chevalier comme un autre, un vieil admirateur des charmes de la reine; membre correspondant du cercle, si vous ne l'acceptez pas comme un titulaire. Poursuivez; quelle est cette fleur?

DONALD.
La rose Dorothée, ainsi appelée d'un des noms de la reine. C'est aujourd'hui la plus rare parmi les espèces les plus rares. Dix roses Dorothée seules se trouvaient ici dans les serres de Rosendal. La reine ayant fait cueillir la sienne, neuf de ces roses restaient encore.

WILFRID.
Et ces neuf autres?

DONALD.
Le cercle des chevaliers les a achetées cent pièces d'or.

WILFRID.
Il les a donc?

DONALD.
Il ne les a plus; toutes ont été détruites par le cercle, excepté une.

WILFRID.
Et qui aura cette rose?

DONALD.
Celui que le sort favorisera. Les noms sont dans l'urne... Viens donc tenter le sort, Wilfrid.

WILFRID.
Et avec cette rose on pourra dire à la reine: Je suis votre chevalier!

DONALD.
Sans doute.

WILFRID.
Allons! je tirerai avec cette main écrasée; elle me portera bonheur, si le sort est juste.

PALMER, prenant Wilfrid à part.
Un mot.

WILFRID.
Ne me retenez pas.

PALMER, à Wilfrid.
Un seul mot. Puisque vous ne voulez pas user du moyen de guérison que je vous ai proposé, je vais vous en dire un autre. J'admets que vous gagniez la rose Dorothée.

WILFRID.
Plaise au ciel!

PALMER.
Que vous parliez à la reine, et qu'elle vous réponde; que vous lui disiez votre amour, et qu'elle vous écoute encore.

WILFRID.
Est-ce que cela est possible?

PALMER.
Tout est possible. Savez-vous alors ce qui vous arrivera?

WILFRID.
Je n'y ai jamais pensé.

PALMER.
On vous tuera.

WILFRID.
Et qui?

PALMER.
Moi.

WILFRID.
Et c'est pour cela que vous m'avez retenu? Viens, Donald. Avoir la rose, et après qu'il ne me soit pas même fourni un tombeau si je meurs de joie ou d'un coup de poignard.

Wilfrid et Donald sortent; ils laissent Palmer seul.

PALMER.
Comme c'est confiant, comme c'est pur! Cela mériterait de ne jamais mourir. Cependant, il a ma promesse.

SCÈNE IX.

WILHEM, PALMER.

WILHEM.
Ne soyez pas surpris, monsieur le major.

PALMER.
Vous avez trop bonne opinion de vous-même, monsieur ; rien ne me surprend plus.

WILHEM.
Je vous ai suivi : j'attendais que vous fussiez seul ; vous me reconnaissez ?

PALMER.
Je vous ai vu ce matin dans le cabinet du comte Éric, auprès du baron Christian.

WILHEM.
Qui vous prenait pour un fou, pour un conspirateur ; moi je vous crois...

PALMER.
Dispensez-vous de l'excuser...

WILHEM.
C'est que personne, à l'heure qu'il est ne connaît mieux que moi les particularités de votre vie.

PALMER.
La prétention serait une haute impertinence si elle n'était la plus folle des témérités.

WILHEM.
J'ai besoin, je le vois, d'inspirer quelque confiance à votre seigneurerie. Il vous faut des preuves ? soit. Pour vos compagnons de plaisir vous vous nommiez, dans votre jeunesse, le major Palmer ; dans l'Inde vous prîtes le nom de Karl et quelquefois de Karleston. De tous ces noms, pas un n'est réellement le vôtre. N'est-ce pas la vérité ?

PALMER, à part.
Il me confond. (*Haut.*) Quelqu'un m'a trahi auprès de vous. En effet, vous m'inspirez déjà beaucoup plus de confiance.

WILHEM.
Vous enlevâtes à Singapore, il y a huit ans, la femme d'un prince maratte.

PALMER, bas.
Je suis pris. (*Haut.*) C'était un prince détrôné.

WILHEM.
Vous la gardâtes six mois.

PALMER.
Mais après je la lui rendis avec tous ses titres.

WILHEM.
N'est-ce pas encore la vérité ?

PALMER.
A faire peur.

WILHEM.
Dans votre traversée de Calcutta à Stockholm, vous avez dompté vous seul une révolte qui avait éclaté parmi l'équipage.

PALMER.
Je m'ennuyais à bord ; vous savez aussi cela ! et je ne suis arrivé que de ce matin.

WILHEM.
Je vous ai dit quelques mots de votre passé ; le présent, le voici : le comte Éric, après vous avoir fait venir de la maison des fous, après vous avoir retenu dans son cabinet le plus longtemps qu'il l'a pu, vous a laissé sortir avec une apparente liberté.

PALMER.
Je ne suis donc pas libre ?

WILHEM.
Un espion vous a suivi.

PALMER.
Oui, en venant ici un inconnu du même âge que moi m'a familièrement abordé dans la rue ; il m'a entretenu du passé, nous avons renoué connaissance le verre à la main... Ah ! c'était un espion !

WILHEM.
Et où est-il maintenant ? où l'avez-vous laissé

PALMER.
Sous la table du cabaret où nous avons renoué connaissance. Continuez.

WILHEM.
En vous quittant, le comte Éric vous a donné rendez-vous, ce soir, à onze heures, sur les bords du lac, dans la cabane de Drake le pilote.

PALMER.
Allons ! dites tout, dites le reste, dites l'avenir.

WILHEM.
Le comte Éric n'ira pas à ce rendez-vous.

PALMER.
Il n'ira pas ! je m'y trouverai donc seul ?

WILHEM.
Non. Quatre hommes vous y attendront pour débarrasser à tout jamais Éric de votre présence.

PALMER.
Un guet-apens !

WILHEM.
Pas moins, monsieur le major.

PALMER.
Quelle affreuse clarté vous jetez dans mon esprit ! Je doute encore pourtant. Non, ce n'est pas possible. Vous me trompez.

WILHEM.
Vous ai-je trompé dans ce que je vous ai déjà dit ?

PALMER.
Non... j'ai été véritablement un coup de foudre pour Éric. J'y pense. J'arrive, il me voit, ne me reconnaît pas d'abord, je l'excuse, je suis si changé ! je me nomme ; pas d'inquiétude, de la joie au contraire ; il en a montré à l'excès en m'embrassant. Et comme il pleurait ! il pleurait trop, lui, ce même Éric qui m'a retenu dans les marais de l'Inde pendant quatorze ans !

WILHEM.
Et qui en Suède a fait courir le bruit que vous étiez mort depuis quatorze ans.

PALMER.
Mort depuis quatorze ans ! hardie, infernale invention d'Éric ! c'est bien de lui. Mort d'abord, sauf à me le prouver si je reparaissais en Suède.

Oui, je me l'explique à fond maintenant ; il était nécessaire que je fusse mort. Depuis ce qui est survenu pendant mon absence, j'ai dû être pour Eric, en me montrant à lui, un fantôme, un épouvantail. Il faut que je rentre sous terre ! c'est juste, puisqu'il m'a fait passer pour mort. Oui, mais que faire ? il est puissant, il est tout. Il me tient comme on tient un mort. Eh bien ! je ne le suis pas, je ne veux pas l'être. Parlez ; que voulez-vous de moi ?

WILHEM.
Un homme qui irait ce soir à son bal.

PALMER.
Je suis cet homme.

WILHEM.
Deux regards que ne feraient pas baisser les siens.

PALMER.
Regardez-moi.

WILHEM.
Un bras qui ferait ployer son bras.

PALMER.
Le voilà.

WILHEM.
Si vous réussissez, vous aurez...

PALMER.
Je ne vous demande rien ; quand on réussit on prend. Vous le haïssez donc, vous aussi ?

WILHEM.
Par dévouement à mon pays.

PALMER.
C'est un prétexte comme un autre. Passons. Mais d'abord, qui êtes-vous ?

WILHEM.
Le secrétaire du comte Norberg, membre du conseil des ministres, dont le comte Eric est le chef.

PALMER.
Ah ! je comprends, entre confrères ! il veut le renverser. C'est donc une bonne action que vous me proposez ; je suis des vôtres : dites-moi vos moyens, j'ai les miens : unissons-les et agissons. Bourse commune, je joue pour deux.

WILHEM.
D'abord nous avons pour nous la justice de notre cause.

PALMER.
Ce n'est rien.

WILHEM.
Les ouvriers du port sont mécontents.

PALMER.
C'est quelque chose.

WILHEM.
Nous aurons surtout... mais j'entends du bruit ; venez, je vous dirai tout.

PALMER.
Bruit ou non ; un instant. A qui croyez-vous avoir affaire ? Cartes sur table.

WILHEM.
A un homme avec lequel le comte Eric a autrefois commis quelques légèret

PALMER.
Vous deviendrez ministre ; je vous suis.

WILHEM, à part.
Enfin, nous avons un chef.

PALMER.
Ah ! grand politique ! tu croyais, toi aussi, qu'il n'y a que les morts qui ne reviennent pas ! Ils reviennent et en parfaite santé.

Ils sortent.

SCÈNE X.

CLAUS, LA COMTESSE DE LEUVENBOURG.

LA COMTESSE, à part.
C'est donc ici qu'il habite. (Haut.) Je suis du bal de la reine. Est-ce à vous, s'il vous plaît, que je dois m'adresser pour avoir la fleur dont je désire faire choix ?

CLAUS.
A moi-même, madame.

LA COMTESSE.
Je croyais que c'était à madame Rodolphine.

CLAUS.
Elle me permet de la remplacer quelquefois dans le service. Est-ce une jonquille simple que désire madame ?

LA COMTESSE.
Madame Rodolphine habite un palais charmant. Avec ses goûts simples elle s'y trouve heureuse, j'en suis sûre, si elle a surtout quelque ami, quelque parent pour animer sa résidence. N'a-t-elle pas d'enfant ?

CLAUS.
Elle a un fils. Je cours chercher une jonquille simple pour madame.

LA COMTESSE.
Et son fils, partage-t-il les goûts studieux de sa mère ?

CLAUS.
Monsieur Wilfrid est trop vif, trop pétulant pour toucher à nos fleurs. Il casserait un arbre.

LA COMTESSE.
A vingt ans ?

CLAUS.
Il n'en a que dix-huit. C'est toujours une jonquille simple que souhaite madame ?

LA COMTESSE.
Et vous disiez que monsieur Wilfrid, votre jeune maître, qui est si vif, si passionné...

CLAUS.
Oh ! oui, très passionné. Nous arrêtons que c'est une jacinthe blanche que vous choisissez.

LA COMTESSE.
La carrière des armes serait sans doute dans ses goûts.

CLAUS.
C'est possible, madame. Prenez-vous........

LA COMTESSE.
La marine militaire ouvrirait encore un champ vaste à son bouillant courage.

CLAUS.

Tenez, madame, ce n'est ni sur mer ni sur terre que monsieur Wilfrid songe à aller en ce moment.

LA COMTESSE.

Et où donc?

CLAUS.

Au bal de la reine.

LA COMTESSE.

Au bal de la reine, dites-vous?

CLAUS.

Oui, mais il faut être baron, duc, prince pour y être reçu.

LA COMTESSE.

Et son désir d'aller à ce bal est grand?

CLAUS.

Immense.

LA COMTESSE.

Il est si tard! le bal a lieu ce soir.

CLAUS.

Et s'il n'était pas si tard, vous pourriez.....

LA COMTESSE.

Je ne dis pas cela. Donnez-moi, donnez-moi promptement la fleur que vous disiez.

CLAUS.

Une anémone.

LA COMTESSE.

Une anémone. Soit! donnez!

CLAUS.

J'ai mieux qu'une anémone; une branche de jasmin de Virginie produirait un très-bel effet sur une parure de bal.

LA COMTESSE.

Encore une fois, une dernière fois, allez me chercher une fleur, la fleur qui vous plaira. Je vous l'ordonne.

CLAUS.

J'obéis, madame.

Claus sort.

LA COMTESSE, *seule.*

Aurai-je le temps de faire ce que j'ai dans la pensée? (*Elle regarde l'heure à sa montre.*) Mon Dieu! qu'il est tard! Aller au château, chercher la personne que j'ai besoin de voir, écrire ou envoyer du château..... Et il ne revient pas!..... Puisqu'il ne revient pas..... partons! Encore dix minutes et il ne serait plus temps!

Tandis que la comtesse sort par une porte, Claus entre par l'autre.

CLAUS.

Voilà, madame, une superbe branche d'amaryllis..... Elle n'est plus là. Voilà bien les femmes! elle a balancé entre toutes les fleurs de Rosendal, et elle est partie sans en emporter une seule. Pourquoi est-elle donc venue?..... Peut-être l'apercevrai-je encore par cette croisée. (*Il regarde par la croisée.*) Mais, je ne me trompe pas, c'est le comte Norberg qui vient. Et moi qui avais oublié la recommandation du prince Hermann. Sonnons vite. (*Il tire le cordon de la sonnette.*) Ah! les voici tous les deux. Le comte Norberg et le prince Hermann..... Je me retire.

SCÈNE XI.

HERMANN, NORBERG.

NORBERG.

Je supplie votre gracieuse majesté d'excuser le dérangement que je lui cause.

HERMANN, *confus.*

J'étais occupé à donner quelques soins à mes fleurs..... je..... j'arrosais; c'est mon plaisir. (*A part.*) Comme il m'appelle majesté! Il se trompe.

NORBERG.

Votre majesté a-t-elle réfléchi à l'entretien que nous avons eu?

HERMANN.

Oui, vous m'avez ouvert les yeux..... Ainsi la reine et le comte Eric s'entendent pour m'écarter du trône?

NORBERG.

Sans compter ces jeunes femmes qui sont l'armée dont la reine et le comte Eric sont les chefs.

HERMANN.

Ces dames sont donc bien influentes malgré leur teint si délicat?

NORBERG.

Ces dames ont des cousins, des frères, des amis placés ou à placer.

HERMANN.

Mais alors à vous en croire.....

NORBERG.

J'ai vu moi-même, majesté...

HERMANN.

Que ces dames avaient des.....

NORBERG.

Elles en ont.

HERMANN.

Et des preuves?

NORBERG.

La comtesse Banner doit porter ce soir au bal dans ses armes une pervenche éclose sur un champ d'azur, et le baron de Horn, son admirateur.....

HERMANN.

C'est ce que je vais savoir tout de suite. (*Il va prendre le registre sur la table.*) On inscrit dans ce livre, à côté du nom des seigneurs, les fleurs qu'ils ont emportées d'ici. (*Il lit.*) « Le baron de Horn a fait cueillir une pervenche. » Comte, c'est on ne peut plus exact. Et quel est celui qui portera ce soir une fleur semblable à celle de la reine?

NORBERG.

J'ai appris ce matin que la seule rose Dorothée qui existât..... c'est la fleur, prince, choisie par la reine..... allait être tirée au sort par les membres du cercle des chevaliers de la reine.

HERMANN.

Et qui l'a gagnée?

NORBERG.

Votre majesté.

HERMANN.
Je n'y étais pas.

NORBERG.
On y était pour vous.

HERMANN.
Qui donc?

NORBERG.
Cinq mille livres..... Nous avons acheté le hasard.

HERMANN.
Vous avez gagné un membre?

NORBERG.
Qui a gagné la rose. J'aurai l'honneur de la remettre à votre majesté. Devant Eric, devant toute la Suède représentée par sa noblesse, vous l'offrirez ce soir à la reine et vous aurez ainsi l'honneur d'être son chevalier..... Ce triomphe ironique confondra votre ennemi, le comte Eric... C'est avec le bon sens qu'on tue les gens d'esprit. Eric mourra de honte, le dard restera, (*A part.*) Wilhem et son aventurier feront le reste.

HERMANN.
C'est un trait de génie.

NORBERG.
Je n'ai pas encore dit à votre majesté le motif qui m'appelle ici.

HERMANN.
Je vous écoute.

NORBERG.
J'ai pénétré dans les projets les plus ténébreux du cercle des chevaliers de la reine, protégé par le comte Eric, et je tiens un billet qui vient d'être écrit à l'instant par un membre à un autre membre.

HERMANN, *prenant la lettre et l'ouvrant. A part.*
Encore Wilfrid!

Haut et lisant.

« Cher Donald!
» Je suis désespéré... Ce n'est pas moi, tu en as
» été témoin, qui ai gagné la rose Dorothée... Je
» ne verrai pas la reine ce soir à son bal... Mon
» grand projet est donc manqué. » (*A part.*) Mais
ce projet quel est-il? (*Haut et continuant.*)
« Je ne t'en avais pas fait la confidence, mais tu
» l'avais deviné..... Combien de fois n'es-tu pas
» convenu avec moi que la reine avait été forcée
» de se marier au prince Hermann! Eh bien! ce
» soir, en digne chevalier, je me proposais de la
» venger... J'aurais jeté au milieu de ce bal un
» outrageant défi au prince Hermann. Il porte
» une épée, j'en ai une..... nous les aurions croi-
» sées, et au même instant j'aurais perdu la vie
» sous les yeux de la reine, ou je l'aurais rendue
» libre. » (*A part.*) Béni soit le ciel! son nom
n'est pas au bas de cette lettre! (*Achevant.*)
« Cher Donald, un autre a été plus favorisé que
» moi. Communique-lui mes projets, je lui en
» laisse la gloire. » Comte Norberg, j'irai à ce bal.

NORBERG.
J'aurai donc l'honneur d'assister au triomphe qui vous attend sur les ruines du comte. (*A part.*) Eric, à toi la reine, à moi le roi. (*Haut.*) En me retirant je dépose mon respect aux pieds de votre majesté.

Il se retire.

HERMANN.
Rodolphine! Rodolphine!... pour que je lui parle de son fils.

SCÈNE XII.

HERMANN, RODOLPHINE.

HERMANN.
Arrive enfin!

RODOLPHINE.
Vous tremblez; qu'avez-vous?

HERMANN.
Lis! ton fils!

RODOLPHINE.
Vous m'effrayez.

HERMANN.
Mais lis... ton fils voulait... c'est la troisième fois que j'essaye de relire ce qui est écrit là, et je n'y parviens point.

Rodolphine lit, et après avoir lu elle déchire la lettre.

HERMANN.
Tu es donc sa complice?

RODOLPHINE.
Je suis sa mère. Il n'y a plus de preuves.

HERMANN.
Mais ce projet... cette menace... ces intentions de Wilfrid!

RODOLPHINE.
Pourvu que vous ne le voyiez plus, que vous importe? Il disparaîtra; il me sera jamais né; il sera mort pour vous. C'est lui! Je ne réponds de rien si vous ne vous retirez. Venez! venez, ou nous nous perdons tous les trois.

Elle l'entraîne chez elle.

HERMANN.
Mais cependant...

SCÈNE XIII.

WILFRID, *seul.*

Plus d'espoir! plus d'espoir! un autre que moi, un inconnu a gagné la rose Dorothée. Et celui-là verra la reine face à face; il sera toute la soirée le chevalier de la reine; et le sourire miraculeux et les paroles et l'existence de la reine pendant toute cette soirée seront pour lui. J'en rugis d'envie et de désespoir. Oh! je n'irai pas au bal de la reine!

SCÈNE XIV.

CLAUS, WILFRID.

CLAUS.
A vous, monsieur, ce bracelet de la part d'une jeune femme qui sort d'ici.

WILFRID.

Un bracelet! une femme!

CLAUS.

Montrez-le, et on vous laissera entrer au bal de la reine.

WILFRID, *faisant un mouvement.*

Claus, prends garde de jouer avec ma douleur.

CLAUS.

Comme il est vrai que je vous aime autant que mon propre fils, avec ceci vous verrez le bal de la reine.

WILFRID.

Donne, Claus, donne!

CLAUS.

Je vous ai vu si triste de ne pas y aller, que j'ai dit à une jeune dame de la cour, venue tantôt à Rosendal pour choisir des fleurs, que vous lui seriez reconnaissant toute la vie si elle vous donnait le moyen d'entrer à ce bal.

WILFRID.

Elle t'a remis ce bracelet?

CLAUS.

Elle me l'a envoyé en me faisant dire que vous n'aviez qu'à le montrer pour que toutes les portes du bal s'ouvrissent devant vous.

WILFRID.

Oh! maintenant que je puis m'introduire dans ce bal, combien de mon sang et d'années d'existence ne donnerais-je pas pour posséder la rose Dorothée qui fera chevalier de la reine celui qui l'a gagnée! Il n'en était qu'une au monde.

CLAUS.

Il n'en était qu'une! qu'est-ce qui a dit cela? j'en connais deux magnifiques dans les serres de Fralster, où je les ai moi-même portées.

WILFRID.

Sur tes cheveux blancs, dis-tu vrai?

CLAUS.

N'allez pas le vérifier; Fralster est à quinze lieues de Stockholm.

WILFRID.

Il est midi; le bal de la reine n'aura lieu qu'à minuit. Adieu, Claus; en douze heures, on fait trente lieues à cheval, et si on ne les fait pas, on meurt.

Il sort.

CLAUS, *seul.*

Je ne l'ai jamais vu si exalté, si heureux. Enfin, il parlera à la reine.

SCÈNE XV.

RODOLPHINE, *entrant avec empressement,* CLAUS.

RODOLPHINE.

Wilfrid n'est plus là?

CLAUS.

Il est déjà bien loin, madame.

RODOLPHINE.

Bien loin! où donc est-il allé?

CLAUS.

A Fralster, chercher une rose Dorothée pour aller au bal de la reine.

RODOLPHINE.

A Fralster! tu lui as donc appris qu'il y en avait deux?

CLAUS.

Oui, madame.

RODOLPHINE.

Qu'as-tu fait, Claus? Sais-tu pourquoi il va à ce bal?

CLAUS.

Pour voir la reine.

RODOLPHINE.

Pour tuer le roi.

ACTE TROISIÈME.

Le théâtre représente un magnifique salon de réception; au fond de la scène des galeries doubles sont pratiquées pour permettre aux personnages de disparaître sans quitter l'appartement et de se montrer de nouveau sans être annoncés. Découpées en trèfle et avec toute la fantaisie orientale, ces galeries sont censées avoir des communications avec de nombreuses pièces destinées à contenir la prodigieuse affluence d'invités. Des rideaux somptueux cachent ces pièces au lever du rideau.

SCÈNE PREMIÈRE.

ERIC, *seul, des papiers à la main. Plusieurs domestiques sont au fond à attendre ses ordres.*

ÉRIC, *aux Domestiques.*

L'amiral Nordland! (*Les Domestiques sortent.*) Il importe que l'amiral Nordland reçoive de moi seul ses instructions. (*Nordland entre.*) Vous allez mettre à la voile sur-le-champ. Vous vous tiendrez en panne. A une heure, cette nuit, on mènera à bord de votre frégate un prisonnier d'état que vous ne laisserez communiquer avec personne. Quel que soit le temps, gagnez la mer. Dix jours après votre départ, vous ouvrirez ces dépêches et vous exécuterez à la lettre ce qu'elles contiennent. Quoi que dise, quoi que fasse cet homme, vous ne répondrez rien, vous ne lui demanderez rien, vous ne croirez à rien, vous ne croirez qu'à mes ordres. (*Nordland salue et sort.*) A deux heures, le vaisseau sur lequel Palmer sera embarqué voguera vers le pôle austral, et cette fois il ne reviendra pas. Mais le baron Christian tarde bien! Le lieu du rendez-vous n'est pourtant pas loin d'ici. J'ai hâte d'en finir avec cette affaire. Elle m'a foudroyé. Si c'était la seule encore! mais après Palmer, Norberg, Norberg, rocher ambitieux toujours levé devant moi; après Norberg, mon bal! ce bal qui va décider de ma fortune politique, de ma vie entière. Ah! voici le baron Christian, enfin.

SCÈNE II.

CHRISTIAN, ÉRIC.

ÉRIC.

Eh bien!

CHRISTIAN.

Tout est prêt, monseigneur. Les quatre hommes sont à leur poste. Une barque est amarrée dans l'ombre. A minuit, dès que le major Palmer se présentera à la cabane de Drake le pilote, il sera saisi, embarqué.

ÉRIC.

Il suffit. Le reste est l'affaire de l'amiral Nordland. Parlons d'autre chose. Et mon bal, baron Christian? J'ose à peine vous interroger. Votre zèle ne saurait triompher de l'impossible. Prévenu si tard que le fameux bal historique, dont toute la Suède s'occupe depuis un mois, n'aurait pas lieu chez la reine, mais chez moi, aurez-vous pu tout disposer, tout réunir, tout commander en si peu de temps?

CHRISTIAN.

Trois murs abattus pour ouvrir trois nouvelles salles dans les bâtiments voisins, un double escalier construit, quatre ponts jetés sur le jardin d'une aile à l'autre de l'hôtel, prouvent peut-être mon zèle à complaire à votre seigneurie.

ÉRIC.

Tout cela en trois heures!

CHRISTIAN.

Et avec l'aide de huit cents ouvriers. Des tentures, des tapis, des tableaux ont caché les traces de ce bouleversement, auquel, je l'avouerai à votre seigneurie, l'hôtel ne résistera pas, si des réparations promptes n'ont lieu.

ÉRIC.

Pourvu qu'il ne s'écroule que demain. Il me faut ma nuit. Quel épisode dans ma vie! quelle nuit! Moi, chargé de consoler l'aristocratie suédoise de la perte d'un bal chez la reine, et dans quelle circonstance... pour quel motif! Mais il faut que mon bal soit mémorable comme une bataille, que mon hôtel soit pendant douze heures Paris et Venise, qu'on doute de l'existence en le goûtant si neuve, si étrange et si belle.

Il sort.

SCÈNE III.

CHRISTIAN, WILHEM.

WILHEM.

Recevez mes compliments, baron Christian, si c'est à votre bon goût qu'est due la décoration miraculeuse des rues voisines de l'hôtel du comte Eric. On ne reconnaît plus le quartier; on n'est plus sur la terre.

CHRISTIAN.

Je n'ai fait qu'exécuter les ordres du comte. C'est un si beau jour dans sa vie politique! Le bal de la reine remplacé par un motif secret que j'ignore, par celui du comte Eric.

WILHEM.

Mais ne pensez-vous pas que les dames et les seigneurs appelés d'abord au bal de la reine pourraient ne pas profiter de la compensation offerte? c'est ma crainte.

CHRISTIAN.

On ferait un sanglant affront à la reine.

WILHEM.

Il est déjà tard!

CHRISTIAN.

On va venir en foule. (*A part.*) En vérité, il m'alarme.

UN DOMESTIQUE, *annonçant derrière le rideau.*

Messieurs les comtes Morner, Nackrey, Odencrantz!

CHRISTIAN, *avec joie.*

Enfin! entendez-vous?

WILHEM.

Cela ne tire pas à conséquence. Ce sont des invités du comte Eric.

LE MÊME HUISSIER, *annonçant toujours sans être vu.*

La société du baron de Horn.

WILHEM.

La nuance sera gaie. Toujours invitation du comte Eric.

CHRISTIAN.

Mais, écoutez! c'est un grand nombre de voitures qui arrivent.

WILHEM.

Ou qui s'en vont.

L'HUISSIER, *annonçant toujours sans être vu.*

Le comte et la comtesse Gedda.

Christian court recevoir.

WILHEM, *à part.*

Est-ce que l'huissier ne se trompe pas?

L'HUISSIER, *continue.*

Le baron et la baronne Brahé!

WILHEM, *à part.*

Le vent est bon en ce moment pour Eric. N'importe! le comte Norberg viendra aussi, et en bonne compagnie.

L'HUISSIER *ajoute.*

Le vicomte et la vicomtesse Platen! le baron et la baronne Raab!

WILHEM, à part.

Ah çà, est-ce que le major Palmer manquerait à sa promesse?... L'heure approche et je ne l'aperçois pas.

SCÈNE IV.

ERIC, CHRISTIAN, WILHEM.

ÉRIC, entrant.

Que la fête commence.

Les rideaux du fond s'ouvrent; on voit des salles richement décorées, on entend la musique; des domestiques circulent au milieu des invités tous masqués et déguisés.

CHRISTIAN, prenant Éric à part.

Monseigneur, le prince Hermann entre dans les salons.

ÉRIC.

Le prince Hermann! que vient-il faire ici? quel plaisir y chercher?

CHRISTIAN.

Celui du bal, sans doute, car il est déguisé et masqué.

ÉRIC, à part.

Au fond, j'aime mieux qu'il soit ici. (Haut.) Qu'on respecte, en ce cas, l'incognito qu'il désire garder, puisqu'il est si facile de le reconnaître.

CHRISTIAN.

Voyez, monsieur le comte, il vient de ce côté.

HERMANN, en costume du temps de Louis XIII, un masque sur la figure, une rose à la main, traverse la galerie du fond en s'arrêtant avec lenteur devant chaque dame. A part.

Je n'ai pas encore découvert la reine; je ne vois pas non plus le comte Norberg, qui pourtant m'avait promis de me devancer au bal du comte Éric. Continuons notre voyage. Comme le comte Norberg sera satisfait, quand il me verra ainsi déguisé! Personne ne me reconnaît; je ferai explosion.

Il continue à marcher et à inspecter chaque dame; il disparaît. Ici la musique des salons cesse, plus de monde arrive dans les galeries; les rafraîchissements circulent.

ÉRIC, à part.

Deux heures! Dans ce moment la frégate de l'amiral Nordland vogue vers un autre hémisphère, emportant Palmer et son secret.

En ce moment Palmer entre sous un costume excentrique, mais de bon goût, et va frapper sur l'épaule d'Éric.

SCÈNE V.

LES MÊMES, PALMER.

PALMER.

Me voilà.

La musique cesse.

ÉRIC.

Palmer! toi ici! dans mon hôtel!

WILHEM, à part.

Enfin! le voilà!

ÉRIC.

Tu n'es donc pas allé au rendez-vous?

PALMER.

Ni toi non plus. Mais voilà ton excuse; tu donnes un bal. Pouvais-tu t'arracher à tes devoirs de maître de maison? J'ai deviné cela; aussi suis-je venu. Tu vas me dire ici ce que tu m'aurais dit là-bas.

ÉRIC.

Silence, Palmer, silence! tout ce que tu voudras, mais attends que nous soyons seuls. Point de paroles imprudentes. (A part.) Et la reine qui va venir!... (A Christian.) Que les danses reprennent. (Haut.) Des quadrilles nouveaux se forment dans d'autres salons, les tables de jeu sont dressées de ce côté; l'orangerie attend ses convives.

Tout le monde sort, excepté Éric et Palmer.

PALMER, à part, pendant qu'Éric reconduit et salue les invités.

Comme Éric a pâli, comme il a chancelé en me voyant! Son aspect seul m'eût dévoilé sa trahison. Sa fête n'en est pas moins divine. (Apercevant Wilhem.) Mon homme est ici. Je peux m'endormir dans la fête; au moment opportun il me réveillera.

La musique reprend.

SCÈNE VI.

PALMER, ÉRIC.

ÉRIC, fermant les rideaux, à part.

Quelle épouvantable surprise!

PALMER.

Où joue-t-on?

ÉRIC.

Mais comment se fait-il?

PALMER.

Où soupe-t-on?

ÉRIC.

Parlons d'affaires.

PALMER.

Volontiers. Dis-moi, parmi ces dames, en est-il quelques-unes que nous ayons adorées autrefois? nous avons beaucoup adoré! païens!

ÉRIC.

Puisque tu prétends essayer des plaisirs de mon bal, reprenons tout de suite nos négociations entamées, et terminons-les; puis sois tout à la fête.

PALMER.

J'y suis déjà.

ÉRIC.

Je ne suis plus ministre comme tantôt dans mon cabinet. L'ami seul veut traiter avec toi.

PALMER, *à part.*

Comme il choisit bien ses encouragements! (*Haut.*) Sur mon âme, j'ai beau me dire que tu es le même Éric des jours dorés de ma jeunesse, je ne puis parvenir à m'en convaincre. Toi, ministre! il faut donc s'attendre à tout!

Les Domestiques passent.

ÉRIC.

Il est pourtant indispensable que quelqu'un le soit. (*A part.*) Je crains à chaque instant de voir paraître la reine.

PALMER.

Mon intention n'est pas de te rabaisser; mais tu n'en as pas moins trompé mes espérances. Je croyais que la bonne, la folle vie l'emporterait chez toi comme chez tes amis, moi le premier. Toi seul as mal tourné.

ÉRIC.

Oui, parlons de toi, cher Palmer. L'exemple de nos amis, tous morts ou dispersés en quinze ans, t'engage à faire une bonne fin.

PALMER.

Une bonne fin? il n'y en a pas de bonne. Pourquoi finir? recommençons plutôt.

ÉRIC.

Nous n'avons plus vingt ans.

PALMER.

Hélas!

ÉRIC.

La princesse Dorothée est devenue reine; moi, je suis devenu son premier ministre.

PALMER.

Moi, je ne suis rien; mais en revanche, je n'ai rien.

ÉRIC.

Que veux-tu? parle. Ambitionnes-tu les honneurs? je te nomme gouverneur de la Finlande. Dis, tu pars demain.

PALMER.

Pour la Finlande! vulgairement nommée le royaume des ours.

ÉRIC.

Préfères-tu être nommé commandant d'Ostersund? ce soir même ta nomination.

PALMER.

Tu ne sortiras pas des Lapons.

ÉRIC.

Veux-tu être.....

PALMER.

Assez.

ÉRIC.

Propose.

PALMER.

Si je le voulais, je ne proposerais pas, j'exigerais...

ÉRIC.

Et quoi? (*A part.*) Je frémis!

PALMER.

Par exemple, le plus beau palais de Stockholm.

ÉRIC.

Tu comptes donc te fixer en Suède?

PALMER.

Apparemment — Les plus rares chevaux dans mon écurie, et tous arabes.

ÉRIC.

Toujours à Stockholm?

PALMER.

Et où donc? en Laponie! La meilleure cave.

ÉRIC.

Et ensuite?

PALMER.

Voir la reine, lui parler seul et sans témoins.

ÉRIC.

Voir la reine! Sais-tu qu'à la fin je pourrais te renvoyer à l'endroit où tu étais ce matin.

PALMER.

Me renvoyer en prison! tu ne le peux pas. Je t'en défie.

ÉRIC.

Je ne le puis pas!

Les invités se promènent au fond.

PALMER.

Non, parce que tu es en prison toi-même. Le prisonnier, c'est toi dans ce moment-ci, et l'homme libre et puissant, c'est moi; et tu es dans une prison autrement forte, étroite, verrouillée et gardée que la tour de Karlston. Tes geôliers, tes murs de vingt pieds d'épaisseur, tes fossés pleins d'eau, tes sentinelles armées, ce sont tous ces grands seigneurs, comtes, marquis, ducs, princes qui sont ici, et qui entendraient ma voix si tu me forçais à l'élever pour dire ce que tu crains tant. Est-ce vrai, Éric?

ÉRIC.

Mais, Palmer!

PALMER.

Sois tranquille; un mot imprudent me ferait perdre tous mes avantages.

ÉRIC.

Quels avantages?

PALMER.

Quand tu seras à terre, je parlerai, s'il en est besoin.

ÉRIC.

Comment?

PALMER.

Tu ne voulais pas parler devant le monde, en voilà, et du meilleur. Pense à ta fête. (*A part.*) Moi, je pense à la mienne. (*Bas, à Wilhem, qui s'est approché.*) Est-ce l'heure?

WILHEM, *de même.*

Pas encore.

PALMER.

En ce cas, attendons l'heure.

ÉRIC, *qui a salué le monde, apercevant Christian.*

Baron Christian!

CHRISTIAN.

Monseigneur, à vos ordres.

ÉRIC.

Ordonnez que toutes les cinq minutes les valets présentent un verre de vin d'Espagne à cet homme, le major Palmer.

CHRISTIAN.

Oui, monseigneur.

ÉRIC.

Les plus grands verres et les vins les plus chauds.

CHRISTIAN.

J'ai entendu. Et rien qu'à lui?

ÉRIC.

Rien qu' lui.

CHRISTIAN.

J'ai compris.

Il sort.

ÉRIC, *à part*.

Ce moyen-là d'abord. Je connais son ivresse; sa raison une fois domptée, il est à moi. Il ne faut pas qu'il voie la reine, il ne le faut pas.

SCÈNE VII.

LA COMTESSE DE LEUVENBOURG, ÉRIC.

La comtesse de Leuvenbourg, masquée en domino blanc, entre sans se faire annoncer, prend Éric par le bras, tandis que les deux Dames qui l'ont accompagnée se mêlent à la foule, et le conduit jusqu'au devant de la scène, où en se démasquant elle lui dit :

LA COMTESSE.

Monseigneur, c'est moi.

ÉRIC.

Vous, comtesse?

LA COMTESSE.

Moi-même. Vous étiez loin de m'attendre?

ÉRIC.

L'honneur est grand, mais l'étonnement l'égale. La reine seule m'avait promis d'honorer mon bal en secret.

LA COMTESSE.

J'ai tant supplié la reine, qu'elle m'a permis de venir sous ce déguisement, qui est le même que le sien.

ÉRIC.

La reine est venue avec vous? Serait-elle ici?

LA COMTESSE.

Je ne la précède que de peu d'instants; elle posait son masque. Vous me quittez ainsi, comte?

ÉRIC.

Pour un instant. (*A part*.) Quel supplice!

LA COMTESSE.

Si tôt! c'est mal, comte... Vous voulez donc échapper à mes éloges, à celui des demoiselles d'honneur, mes compagnes?

ÉRIC, *à part*.

S'ils allaient se voir! (*Haut*.) Vous l'avouerai-je? une idée me préoccupe, m'inquiète. Si vous n'alliez pas rencontrer ici le choix, la dignité d'une réunion royale?

LA COMTESSE.

Eh! tant mieux! Quel mal vous vous donnez, cher comte, pour me dire que votre bal sera plus gai que ceux de la cour!

ÉRIC.

Il faut vous garder à ma fête. (*A part*.) Quelle fête! (*Haut*.) Vite! remettez votre masque, séparons-nous. Je vous laisse à toute la liberté du bal. (*A part*.) La reine est sans doute venue; mais à quel salon, à quel bosquet, à quel groupe la demander maintenant? Si j'allais ne pas la rencontrer! Cette idée me rend fou.

La foule continue à circuler. Plusieurs personnes s'approchent des deux compagnes de la comtesse de Leuvenbourg, et ont l'air de les intriguer.

LA COMTESSE, *à part*.

Je ne l'ai pas encore vu! Il est ici cependant. Caché dans la foule, il cherche des yeux la reine. Pauvre Wilfrid! quelle idée de courir ainsi après la peine, le désespoir! et moi-même, que viens-je faire ici? Je le plains; mais n'est-ce pas moi qui souffre?

SCÈNE VIII.

LA COMTESSE, WILFRID.

Il est masqué, a une rose à la main. Il examine chaque dame, et en remontant le théâtre, il rencontre la comtesse de Leuvenbourg.

LA COMTESSE.

Serait-ce lui?

Elle le suit des yeux.

WILFRID, *à part*.

Le bal de la reine a manqué; mes projets sont détruits peut-être... Et moi qui comptais voir face à face, dans cette nuit que je ne retrouverai plus, dans cette nuit de vie et de mort, ce que j'aime le plus au monde, la reine! ce que je hais le plus au monde, le prince Hermann. (*Haut*.) Êtes-vous ici depuis longtemps, madame?

LA COMTESSE.

Apprenez-moi, monsieur, s'il est d'usage de répondre à une pareille question parce qu'on est sous le masque.

WILFRID.

On peut avoir de la bonté sous le masque, et c'est un service que je vous demande. Mon sang qui bouillonne m'empêche de voir, et vous avez autour de vous un calme qui attire. Mes paroles vous disent assez, puisqu'elles vous ont froissée, que ma tête, que mon cœur souffrent.

LA COMTESSE, *à part*.

Je m'intéresse, je ne sais pourquoi, à cette franchise sauvage. (*Haut*.) Je suis depuis une heure environ dans les salons du comte Éric.

WILFRID.

Recueillez bien vos souvenirs. Auriez-vous vu à la ceinture ou dans les cheveux de quelqu'une de ces dames une fleur semblable à celle-ci?

LA COMTESSE, *à part*.

C'est lui! c'est l'amoureux de la reine. (*Haut*.) Non, monsieur.

WILFRID.

Allons! encore une espérance menteuse! le sort est sans pitié! elle ne sera pas venue.

LA COMTESSE.

Cette absence paraît vous affliger beaucoup.

WILFRID.

Elle me tue. Malgré trente lieues franchies, dévorées tout d'une haleine, pour aller en douze heures de Stockholm à Fralster, et revenir de Fralster à Stockholm, il me restait encore un peu de souffle dans la poitrine. La déception qui m'attendait au retour me l'enlève.

LA COMTESSE.

Trente lieues en douze heures !

WILFRID.

Pour rapporter de Fralster à travers la neige cette rose que je suis allé y chercher.

LA COMTESSE.

Ne vous laissez point ainsi abattre; demain on vous saura gré d'un tel effort chevaleresque, et l'on se fera pardonner l'absence.

WILFRID.

Demain, pas plus qu'hier, saura-t-elle si j'existe? demain, des valets décloueront ces tentures, descendront ces tableaux, ces lustres, rouleront cette immense fête, et tout sera éteint, enseveli. Ce soupir, ce frémissement, madame... Aimeriez-vous donc aussi sans espoir ? Oh ! tenez, qui que vous soyez, vous avez calmé le désordre de ma pensée et appelé ma confiance. Un jour, vous aurez peut-être besoin d'un ami, d'une épée, disposez de moi.

Wilfrid se démasque.

LA COMTESSE.

Monsieur Wilfrid, remettez votre masque.

WILFRID, *le visage découvert.*

Mon nom ! vous avez prononcé mon nom !

LA COMTESSE.

Vous aimez la reine. Pauvre jeune homme !

WILFRID.

Qui êtes-vous ?

LA COMTESSE.

Le bracelet de la comtesse de Leuvenbourg vous a servi pour entrer ?

WILFRID.

Mais qui êtes-vous ?

LA COMTESSE.

Le bal a ses sortiléges.

WILFRID.

Oh ! qui que vous soyez, dites-moi si la reine est ici ?

LA COMTESSE.

Non.

WILFRID.

Viendra-t-elle ?

LA COMTESSE.

Il est si tard, j'en doute maintenant.

WILFRID.

Douleur !

LA COMTESSE.

Vous l'aimez donc beaucoup ?

WILFRID.

Si je l'aime ! un jour, au milieu d'une émeute, sa voiture m'a passé sur le corps.

LA COMTESSE, *poussant un cri.*

Ah !

WILFRID, *la prenant par le bras.*

Qui êtes-vous ?

LA COMTESSE.

Je ne suis pas la reine.

WILFRID.

C'est étrange ! à votre cri, la douleur de mon bras a répondu ; le cri et la douleur ont cru se reconnaître.

LA COMTESSE.

Est-ce que tout Stockholm ne sait pas votre dévouement ?

WILFRID.

Le plus beau souvenir de ma vie !

LA COMTESSE.

Le plus funeste. La sédition emplissait la rue ; pas d'issue... Vous montez sur la roue de la voiture ; vous parlez, la populace rentre sous terre, la voiture part, vous tombez, votre sang coule.

WILFRID.

J'avais sauvé la reine.

LA COMTESSE.

Eh bien, ce n'était pas la reine !

Après avoir dit ces mots, la Comtesse veut s'en aller, mais elle est retenue par la Reine, toujours masquée, qui depuis quelques minutes s'était placée derrière elle et Wilfrid.

WILFRID.

Ce n'était pas la reine ! O mon Dieu ! et pour qui donc ai-je versé mon sang ? Mais je connais la reine ; je l'ai vue ; c'était la reine, vous dis-je, c'était la reine. (*Il se tourne, il aperçoit la Comtesse de Leuvenbourg, et le domino qui porte la rose.*) Oh ! ma tête ! ma tête ! Cette fleur dans vos mains, madame ! c'est donc vous qui êtes la reine, madame ? (*Wilfrid tombe à genoux, la Reine se démasque.*) Vous n'êtes pas la reine ! (*Wilfrid, indigné, se lève et remet son masque.*) Être joué de la sorte ! avoir plié le genou devant une femme inconnue ! Et voilà donc comment devait finir ma dernière nuit d'espoir ? Dédain pour moquerie.

Il jette la rose et sort.

LA COMTESSE.

Qui donc aime-t-il ?

PALMER, *entrant et la ramassant.*

Quand j'étais jeune, j'avais de ces colères dont un nouveau venu mieux avisé profitait toujours.

―――――――――――――――――――

SCÈNE IX.

LA REINE, LA COMTESSE, PALMER, *suivi de deux Domestiques, l'un portant un verre sur un plateau, l'autre un flacon de vin.*

PALMER.

Offrez à ces dames ; ce n'est que du rhum.

LA COMTESSE.

Merci. (*Retenant la Reine, qui veut s'en aller.*) Oh ! restons, je vous en prie.

PALMER, *après avoir bu.*

Charmantes beautés ; car vous devez être belles, mesdames.

LA COMTESSE.

Vous nous connaissez? (*A part.*) J'allais oublier que nous sommes masquées.

PALMER.

Quelle voix! je l'ai déjà entendue... mais où l'ai-je entendue? tout mon passé me monte au cœur. Parlez encore, madame, parlez.

LA COMTESSE.

Si cela doit vous rappeler un souvenir agréable. (*A la Reine, bas.*) Acceptons les conditions d'un bal masqué.

LA REINE, *à part.*

Folle enfant!...

PALMER.

Maintenant, je l'affirme, je vous connais.

LA COMTESSE.

J'en doute fort, monsieur, malgré ma voix.

PALMER.

Votre nom prononcé par moi vous trahira. Il s'agit de le dire. Là est la difficulté. Quel malheur d'en avoir tant aimé! cela fait tort plus tard à la mémoire. Seriez-vous Édith, et permettez-moi d'ajouter, l'amie de l'amiral Névil. (*La Comtesse se tait et retient la Reine.*) Non, vous êtes Sarah, que nous appelions dans le bon temps l'Hirondelle, parce que vous passiez le printemps à Stockholm, et l'hiver on ne sait où. (*Même mouvement de la Comtesse.*) Non, vous êtes Cécil, surnommée la distraite, parce qu'elle perdait toujours ses épingles.

LA COMTESSE, *bas, à la Reine.*

Je ne le comprends pas, mais en vérité il m'amuse.

LA REINE.

C'est assez; chère comtesse, partons! partons!

PALMER.

Qu'entends-je?... même voix... Oui, je le remarque à l'instant, même taille charmante.

LA COMTESSE, *bas, à la Reine.*

Ne me démentez pas. (*Haut.*) C'est ma sœur.

PALMER.

Je m'en doutais.

LA COMTESSE.

Vous connaissez donc deux sœurs qui nous ressemblent?

PALMER.

Fatale question, qui me désabuse! elle n'avait pas de sœur celle que chacune de vous me rappelle.

LA COMTESSE.

Ainsi, monsieur, vous voilà une seconde fois retombé dans vos ténèbres.

PALMER, *les prenant toutes les deux sous le bras.*

Ah! ne vous réjouissez pas de ma déception; ce serait mal, très-mal. (*A la Comtesse de Leuxembourg.*) Quoique je n'aie pas toujours été un sujet fort édifiant dans ma jeunesse, comme je vous le disais tout à l'heure, je n'ai pas moins senti maître en moi depuis mes malheurs certaine faiblesse, vous allez rire, pour les joies de la famille. Parlons bas: un sermon dans un bal est un intermède fort ridicule. Oui, si la vue d'un festin, le bruit des verres, les propos hardis m'exaltent, m'embrasent encore, il y a une portion de mon âme qui ne s'enflamme pas, qui reste sombre et froide au milieu de l'incendie, amas de poudre imbibée d'eau. J'ai dû pleurer là-dessus. Tenez! que je n'aie rien dit si vous êtes de ces dames que j'ai tant fêtées jadis. Dansez, sur ces paroles, qu'il n'en soit plus question. (*Un Domestique présente à Palmer un nouveau verre de vin.*) Je bois à vous, beautés mystérieuses. Mais pourquoi ces idées me viennent-elles, vous ayant l'une et l'autre sous le bras? je n'en sais rien, mais il me semble avoir deux cœurs en ce moment. Pardon encore, si vous êtes de celles qui ont brillé dans mon ciel étoilé! Mais, voyez-vous, à mes minutes de mélancolie, je donnerais, j'échangerais toutes les beautés de Venise, de Paris et de Dublin, la cave du fameux duc de Gotha, le bonheur au jeu du comte de Magdebourg, savez-vous pourquoi? pour un enfant de mon sang qui me dirait, en jetant ses petits bras autour de mon cou : Mon père je t'aime!

LA REINE *quitte brusquement le bras de Palmer et court arrêter Éric qui passe; elle dit d'une voix effrayée :*

Quel est cet homme, monsieur le comte?

SCÈNE X.

Les Mêmes, ÉRIC.

ÉRIC, *à part.*

Dieu! elle l'a vu!

LA REINE.

Quel est cet homme, monsieur le comte?

ÉRIC.

Plus bas, madame.

LA REINE.

Quel est cet homme, monsieur le comte?

ÉRIC.

Contenez-vous, madame.

LA REINE.

Il n'est donc pas mort, comme vous me l'aviez dit, comte?... Comte, c'est épouvantable! Il faut donc que je meure moi.

ÉRIC.

Le mal est grand, il est immense; il n'est peut-être pas irréparable. Une tempête a amené cet homme, une tempête l'emportera.

LA REINE.

Comtesse, suivez-nous!

Ils sortent tous trois; pendant ce temps, un Domestique fait boire à Palmer un nouveau verre de vin d'Espagne. Hermann, masqué, paraît, sa rose à la main, examinant chaque femme lorsqu'il est entré la première fois. Il descend jusqu'à la rampe, où Palmer l'attend d'un air railleur.

SCÈNE XI.

HERMANN, PALMER.

PALMER.
Est-ce un vœu que monsieur accomplit?

HERMANN.
Pourquoi cette question?

PALMER.
C'est que vous semblez aller en pèlerinage, marchant ainsi à reculons.

HERMANN.
Mon ami, je vais comme il me plaît. (*Il pousse un cri de surprise.*) Mais, que portez-vous donc à votre boutonnière?

PALMER.
Une rose, ainsi que vous pouvez voir.

HERMANN.
Et vous la portez sans doute pour quelque raison?

PALMER.
Mon ami, parce que cela me plaît, comme vous d'aller en biaisant.

HERMANN.
Cependant, monsieur, il ne peut y avoir ici deux roses exactement semblables.

PALMER.
J'allais me permettre, monsieur, la même réflexion. (*A part.*) Ai-je bien fait de la ramasser! Me voilà lancé dans une superbe intrigue.

HERMANN.
La mienne est la vraie.

PALMER.
Je vous assure que la mienne n'est pas fausse.

HERMANN.
Elles ne peuvent pourtant pas être vraies toutes les deux.

PALMER.
Pourquoi non?

HERMANN.
Parce qu'il n'en existe que deux de cette espèce: l'une, celle qu'a la reine; l'autre, celle que j'ai. La vôtre serait une troisième.

PALMER, *à part*.
La reine! est-ce que la reine peut être ici? Serait-ce la rose de Dorothée?... Aurais-je affaire à un fou, ou à un chevalier de la reine? dans tous les cas, ce n'est pas Wilfrid.

HERMANN, *à part*.
Me serais-je commis avec quelque aventurier?

PALMER.
Monsieur, qui êtes-vous?

HERMANN.
Je vous défie bien de le deviner; et vous?

PALMER.
Je vous donne mille ans pour soupçonner seulement qui je suis. Mais puisque nous voilà aussi instruits l'un que l'autre sur nos personnes, contestez-moi maintenant, si vous l'osez, le privilège auquel me donne droit cette rose.

HERMANN.
La reine décidera.

PALMER.
Je le veux bien. (*A part.*) Elle est donc ici?... (*Haut.*) Mais connaissez-vous la reine?

HERMANN.
Un peu. — Et vous?

PALMER.
Davantage. Je m'en rapporte toutefois à votre clairvoyance pour la découvrir dans la foule. (*A part.*) Oh! si je pouvais la voir!...

HERMANN.
Je n'aurai pas grand mérite à cela, puisqu'elle doit avoir à la main ou placée dans les cheveux une rose semblable à la mienne.

PALMER.
Ou à la mienne.

ÉRIC, *traversant la scène*.
Enfin, j'ai le moyen de nous en délivrer. Cette fois, Palmer, je te tiens. (*Apercevant Hermann.*) Le prince Hermann à présent.

HERMANN.
Voici quelqu'un qui saura nous dire de quel côté est la reine.

Il s'approche d'Éric et cause bas avec lui.

PALMER, *à part*.
Mais, je m'en souviens à présent, oui, j'ai parlé avec une dame qui avait une rose à la main; celle qui ressemble tant à sa sœur; charmantes sœurs, qui toutes deux m'ont rappelé... Est-ce que ce vin d'Espagne me travaillerait l'imagination? non! j'y ai à peine goûté du bout des lèvres. Il s'adresse à Éric... Éric m'aurait donc caché la présence de la reine chez lui. Il m'a caché tant d'autres choses!

Éric sort.

HERMANN.
Dans un instant nous verrons paraître la reine.

PALMER.
Enfin!

HERMANN.
Le comte Éric m'a assuré que sa majesté portait ses pas de ce côté. Monsieur est encore à temps de renoncer au défi qu'il m'a porté.

PALMER.
Plutôt renoncer à la vie... il est vrai que c'est la chose à laquelle je tiens le moins.

HERMANN, *à part*.
Sa fermeté me confond. (*Haut.*) Il n'est plus temps d'éviter la confrontation. Voici la reine.

SCÈNE XII.

PALMER, LA COMTESSE DE LEUVENBOURG, *masquée, une rose à la main*, HERMANN, *masqué*.

PALMER, *à part*.
Oui, c'est bien elle!... cette tournure, cette voix que je me rappelais... Oh! comment ne l'ai-je pas reconnue?

HERMANN, *en présentant sa rose à la Comtesse.*

Madame, veuillez bien dire quel est celui de nous qui a acquis légitimement le droit de figurer à votre quadrille, comme votre cavalier d'honneur. Mon titre, le voici.

PALMER, *présentant sa rose.*

Et le mien, le voilà!

LA COMTESSE.

Mais les deux fleurs sont pareilles; une préférence serait une injustice.

HERMANN.

Il ne tient qu'à vous, madame, d'établir votre choix sur un motif différent.

PALMER.

C'est ce que je demande.

HERMANN, *à part.*

Voici le moment de le confondre. (*Il se penche ensuite à l'oreille de la Comtesse, et lui dit:*) Moi, je suis...

Il achève tout bas le reste de sa phrase.

PALMER, *à l'oreille de la Comtesse.*

Et moi, je suis...

Il termine tout bas comme Hermann.

LA COMTESSE, *riant aux éclats.*

Plaisanterie de bal masqué!

PALMER, *à part.*

Elle rit... Que faut-il donc pour la convaincre?...

LA COMTESSE.

On ne s'en offense pas, et vous voyez que, comme vous, je sais plaisanter.

Elle se démasque.

HERMANN.

C'était la comtesse de Leuvenbourg... Je respire!...

PALMER.

Et ce n'était pas la reine... Quelle est donc cette jeune dame?

LA COMTESSE.

Puisque vous avez trop de générosité l'un envers l'autre pour vous décider, je vous dégage. (*A part.*) Je crois avoir fait tout ce qu'on m'a recommandé... Éric et la reine ont donc voulu s'amuser aux dépens du prince Hermann? Au fait, nous sommes au bal.

WILFRID, *entrant.*

Vaines recherches! ni la reine ni le prince Hermann ne sont venus. Adieu, ma nuit d'espoir et de vengeance... Je n'ai plus qu'à mourir à cette place.

LA COMTESSE, *à Wilfrid.*

Votre main, monsieur; le quadrille royal va commencer.

WILFRID, *sortant de sa rêverie, s'élançant vers la Comtesse, et lui prenant la main.*

La reine!

LA COMTESSE, *à part.*

Ah! c'est moi qu'il aime et qu'il prend pour la reine.

Ils sortent.

PALMER, *apercevant Wilfrid.*

Wilfrid fuit avec cette dame... Je m'y perds.

WILHEM, *bas, à Palmer.*

Voici l'heure.

PALMER, *de même.*

Je suis prêt.

ÉRIC, *entrant.*

Voyons l'effet de l'ivresse sur Palmer. (*Haut.*) Palmer, tu demandais, pour garder un éternel silence, le droit de résider à Stockholm?

PALMER.

Comme tu es solennel!... Je voulais cela d'abord.

ÉRIC, *à part.*

Comme il est dégradé! le vin ne lui cause plus d'ivresse! (*Haut.*) Ensuite, le droit de voir la reine seul, sans témoins.

PALMER.

Maintenant je veux davantage.

ÉRIC.

Davantage?

PALMER.

Et je l'aurai.

Ici on entend un grand tumulte dans les salons.

ÉRIC.

Quel est ce bruit?

PALMER.

Tu vas le savoir.

~~~~~~~~~~~~~~~~~~~~~~~~~~~~~~~~~~~~~~~

SCÈNE XIII.

LE VICOMTE PLATEN, LE BARON BRAHÉ, LE COMTE NORBERG, LE COMTE GEDDA, LE BARON RAAB.

Ils entrent précipitamment et en désordre, suivis des invités.

NORBERG.

Le comte Éric! le comte Éric!

ÉRIC.

Me voilà.

NORBERG.

Stockholm est en insurrection; on danse ici, on se bat dans la rue.

Mouvement, cris d'effroi de tout le monde. Les danses cessent à l'instant. On entoure les Ministres. La foule accourt des autres salons.

ÉRIC, *à l'assemblée.*

Calmez-vous, calmez-vous, messieurs; ce n'est rien.

NORBERG.

C'est donc le bruit de votre fête qui vous empêche d'entendre les rumeurs de la sédition. Je vous dis que la ville s'est soulevée dans cette nuit d'ivresse pour vous et les vôtres.

PALMER.

Fête pour tout le monde, monseigneur; chacun s'amuse à sa manière.

ÉRIC.

Palmer avec mes ennemis!

PALMER, *bas, à Éric.*

Leur chef!

ÉRIC, *bas.*

Toi!

PALMER, *de même.*

Moi, que tu as déjà tué aux Indes, et qui pour cela n'ai pas voulu mourir cette nuit dans la cabane du pilote.

ÉRIC, *à part.*

Il sait tout. (*A Palmer.*) C'est donc une lutte?

PALMER, *bas.*

A mort!

ÉRIC, *bas.*

Je l'accepte.

Pendant ce temps, la Reine, la comtesse de Leuvenbourg et Wilfrid, tous trois masqués, sont arrivés et ont pris place du côté d'Éric. Hermann, masqué, est passé du côté de Norberg. Le reste des invités accourt.

ÉRIC.

Mais pourquoi la musique est-elle suspendue? je suis encore ministre.

NORBERG.

Trêve aux coups d'épingle, comte, quand les poignards luisent dans la rue. On crie partout : A bas le comte Éric! à bas la comtesse de Leuvenbourg! et, faut-il le dire aussi? on crie : A bas la reine! Savez-vous ce qu'on dit encore? qu'il faut investir le prince Hermann d'un pouvoir absolu.

HERMANN, *à part.*

Je ne croyais pas être si populaire.

WILFRID, *bas, avec rage.*

Le prince Hermann sur le trône!

ÉRIC.

Détrôner la reine! tout cela parce que je suis son premier ministre! On insulte, dit-on, la Suède, et je suis son tuteur! On menace la reine, et je dois la garder! J'en sais plus que vous, comte Norberg! vous avez oublié quelque chose. Les illuminations du palais de la reine devaient être le phare de l'émeute... J'ai mis le phare ici; c'était dire à l'émeute de passer chez moi, de me donner la préférence, ce qu'elle a fait. Voilà le secret de mon bal. Et l'on dit que je dors, que je me berce au bruit de la musique. Vieux léopard suédois, ici! montre tes griffes cachées sous la neige, fais voir comme tu sais mordre! Ouvrez cette croisée.

On obéit.

ÉRIC, *désignant un flambeau.*

Présentez ce flambeau à la croisée.

On présente le flambeau à la croisée de droite ; aussitôt on entend le canon.

TOUS.

Le canon! c'est le canon!

ÉRIC.

L'amirauté me répond. Oui, c'est le canon! et dans ce moment où sa grande voix couvre ma voix, tout le littoral résonne de ses coups; six cents lieues de côtes. Pas une sentinelle qui dorme! pas une batterie qui n'allonge ses canons! Suédois à vos pièces! approche qui pourra de ce vaisseau en feu, dont la poupe est ici et la proue partout! C'est ainsi que je danse, messieurs!

Ici on entend de grands cris sous la croisée de Palmer. Tout le monde s'émeut. L'agitation est au comble. Les invités se forment par groupes effrayés.

WILHEM.

Le signal! donnez le signal!

PALMER, *allant ouvrir la croisée de gauche.*

J'ai ma croisée aussi. Regardez, messieurs, regardez de ce côté, ce sont les nôtres qui accourent, quarante mille bras! avant une heure ils auront remué la ville de fond en comble et l'auront jetée dans la mer!

ÉRIC, *bas, à Palmer.*

Palmer! Palmer! qu'as-tu fait?

PALMER, *bas, à Éric.*

Tu es vaincu; fuis, tu es perdu.

ÉRIC, *bas, à Palmer.*

Peut-être.

PALMER, *bas, à Éric.*

Je n'ai plus qu'un signal à donner, mon chapeau à lancer par cette croisée, qu'un homme à arrêter, toi! qu'un cri de ralliement à pousser : Le prince Hermann!

ÉRIC, *de même.*

Insensé! le prince Hermann, sais-tu qui il est?

PALMER, *de même.*

Que m'importe!

ÉRIC, *de même.*

Il est le mari de la reine! et le voilà!

Il montre Hermann à Palmer.

PALMER, *de même.*

Le mari de la reine! infernal Éric! comme tu m'as trompé! comme tu m'as joué!

ÉRIC.

Eh bien, ton peuple?

WILHEM, *Agof.*

Oh! le signal, le signal!

Palmer court fermer la croisée, et dit à Wilhem en passant près de lui :

PALMER.

Mes affaires avant les vôtres.

WILHEM, *à part.*

Il nous trahit!

PALMER, *s'avançant rapidement vers Hermann, dit en le désignant :*

Celui-là, le prince Hermann, qu'on a fait le mari de la reine, apprenez...

Éric, aidé des Vab-ts, se précipite sur Palmer, lui ferme la bouche avec un mouchoir et le fait enlever. La foule s'émeut et cache par son mouvement l'enlèvement de Palmer.

WILFRID.

C'est donc là le prince Hermann? (*Allant à lui et lui arrachant le masque.*) Moi, l'amoureux de la reine, prince Hermann, je t'insulte, je te défie!

La foule se précipite aussitôt sur le prince Hermann pour le défendre.

HERMANN, *portant la main à son épée.*

Laissez, laissez, je saurai bien me défendre, quoi qu'en disent Charles XII et ses statuts.

LA REINE, *se démasquant.*

Non, prince! moi, la reine, je veux qu'il soit fait prompte et sévère justice.

On se jette sur Wilfrid.

LA COMTESSE, *se démasquant.*

Malheureux! vous vous êtes perdu.

WILFRID, *regardant la Comtesse.*

Qu'entends-je? ô bonheur! ce n'est donc pas vous qui êtes la reine?

ACTE QUATRIEME.

Le théâtre représente le même décor qu'au deuxième acte.

SCÈNE PREMIÈRE.
RODOLPHINE, CLAUS.

RODOLPHINE.

Quel sinistre événement! le prince Hermann, disait-on, a été insulté.

CLAUS.

Oui, madame.

RODOLPHINE.

Que n'avons-nous pu pénétrer dans l'hôtel du comte Éric! mais des sentinelles partout! une armée! nous aurions été témoins de cette scène. Nous saurions tout. Et tu dis que Wilfrid n'est pas rentré?

CLAUS.

Pas encore, madame.

RODOLPHINE.

Où peut-il être? se trouvait-il au bal du comte Éric? lui qui n'a pas été prévenu à temps du contre-ordre de la reine! s'il y était, où sera-t-il allé en sortant? tu te rappelles ses intentions... Oh! c'est impossible!... Mais il ne revient pas... il ne rentre pas... Assieds-toi, Claus, fais comme moi.

CLAUS.

Vous êtes debout, madame.

RODOLPHINE.

Le sommeil, le froid, la fatigue m'ont un peu troublée. Claus!

CLAUS.

Madame.

RODOLPHINE.

J'en suis sûre, il est arrivé quelque malheur à mon fils.

CLAUS.

Non, madame. On vient; ce doit être lui.

RODOLPHINE, *apercevant la comtesse de Leuvenbourg.*

Non, ce n'est pas lui!

CLAUS.

C'est la jeune dame, celle qui a donné à monsieur Wilfrid le bracelet pour entrer au bal de la reine.

RODOLPHINE.

Elle ici! c'est pour mon fils. Laisse-nous.

Claus sort.

SCÈNE II.
RODOLPHINE, LA COMTESSE DE LEUVENBOURG.

RODOLPHINE.

Vous venez me parler de mon fils; que savez-vous de mon fils?

LA COMTESSE.

Du courage, madame; il est arrêté.

RODOLPHINE.

Ah! je n'aurais pas dû le demander.

LA COMTESSE.

L'auteur de l'outrage public fait au prince Hermann au bal du comte Éric, c'est lui.

RODOLPHINE.

Malheureux! il y était donc! s'il savait toute l'étendue de sa faute! Il faut le délivrer, madame.

LA COMTESSE.

J'accours pour cela. Je suis encore parée du bal, vous le voyez. Vous parlez à la comtesse de Leutenbourg.

RODOLPHINE.

La comtesse de Leutenbourg! ah! vous êtes de la cour, vous approchez la reine; vous la verrez; voyez-la tout de suite, disposez-la en faveur de mon fils, obtenez d'elle qu'on le mette en liberté.

LA COMTESSE.

J'ai vu la reine, et la reine a refusé.

RODOLPHINE.

Refusé!... c'est que vous avez mal présenté votre demande, faiblement.

LA COMTESSE.

Je n'ai pas demandé; j'ai prié.

RODOLPHINE.

Je me serais jetée à ses genoux.

LA COMTESSE.

Je me suis assise sur les genoux de la reine, les deux bras passés autour de son cou, comme une sœur plus jeune fait avec sa sœur aînée.

RODOLPHINE.

Et elle a refusé!

LA COMTESSE.

En m'embrassant. Le comte Norberg était là.

RODOLPHINE.

Et qu'importe le comte Norberg! Qu'est-ce que le comte Norberg? c'était de vous à la reine.

LA COMTESSE.

En se tournant vers moi, le comte m'a dit froidement qu'on ne gouvernait pas avec de la pitié, mais avec des lois.

RODOLPHINE.

Mais ce procès n'est pas possible: y songe-t-il? — Non, il n'aura pas lieu. Et cela vaut mieux, tenez! pour la reine, pour tout le monde. Le prince Hermann, l'offensé ne saurait le vouloir; il sera le premier à l'empêcher.

LA COMTESSE.

Il s'est montré aussi irrité que le comte Norberg, aussi ardent que lui à convaincre la reine qu'elle devait punir exemplairement le coupable.

RODOLPHINE.
Il a dit cela! c'est impossible! vous avez mal compris. Hermann, le prince Hermann, veut qu'on traite sans pitié mon fils! il a dit : Je demande que Wilfrid soit puni?

LA COMTESSE.
Il ne s'est pas exprimé ainsi, madame, ne sachant pas encore le nom du coupable. Moi seule ai reconnu votre fils, quoiqu'il eût repris son masque, parce que j'étais près lui, près du prince, quand l'affront a été commis.

RODOLPHINE, à part.
Je comprends maintenant. Il ignore celui qui lui a fait outrage. (Haut.) Et le prince Hermann a demandé vengeance?

LA COMTESSE.
Il a signé devant moi l'acte d'accusation.

RODOLPHINE, à part.
Tout espoir est perdu. Dieu veut donc cela! (Haut.) Il n'y aura plus que vous, madame, pour le sauver.

LA COMTESSE.
Moi, le sauver! et comment, quand la reine ne le peut pas?

RODOLPHINE.
Je parviendrai alors jusqu'à ce comte Norberg; il a des amis, les connaissez-vous? j'intercéderai auprès d'eux; il a une famille, des enfants, une fille; je prierai son plus jeune enfant, je le supplierai de m'entendre; une mère qui prie un enfant suspendu au bras de sa mère fait de l'enfant un ange, plus qu'un ange, Dieu même! Vous serez avec moi, près de moi.

LA COMTESSE.
Le comte Norberg, n'a pas d'enfant.

RODOLPHINE.
J'en étais sûre! aurait-il refusé d'épargner le mien? Cherchons! mais, cherchez!... Insensée, comme si vous pouviez partager mes angoisses, entrer dans mes douleurs! Moi, je suis sa mère, je souffre en lui; mais vous, pardon de l'avoir oublié, vous ne lui êtes rien; vous venez ici portée par la pitié, parce que vous me savez sa mère, parce que vous avez un bon cœur, noble comtesse de Leuvenbourg! mais pour le plaindre, le pleurer, le secourir, il faut l'aimer, beaucoup l'aimer.

LA COMTESSE.
Et pourquoi suis-je ici, madame?

RODOLPHINE.
Ah! vous l'aimez donc?

LA COMTESSE.
Si je l'aime! lui dont le sang a coulé pour moi sur le pavé! Si je l'aime!...

RODOLPHINE.
Mais alors nous sommes deux, nous sommes fortes.

LA COMTESSE.
N'eût-il pas fait tout cela, je l'aimerais encore. Il faut bien que je le dise à quelqu'un. À lui, c'était trop; à personne, ce n'était pas assez. Il est malheureux et vous êtes sa mère. Oui, je l'aime, je l'aime!

RODOLPHINE.
Que vous êtes belle!

LA COMTESSE.
C'est moi maintenant qui vous crie : Il faut le délivrer.

RODOLPHINE.
Que vous êtes belle!

LA COMTESSE.
On achète des geôliers.

RODOLPHINE.
Avec beaucoup d'or, et je n'en ai pas.

LA COMTESSE.
Je n'en ai pas non plus, mais on en trouve, on en fait. Je vendrai tous les diamants de ma mère, ma couronne de comtesse, qui est sans prix.

RODOLPHINE.
Votre couronne!

LA COMTESSE.
Bénissez-moi, et je n'aurai rien perdu.

RODOLPHINE, embrassant la Comtesse.
Ma fille, que vous êtes belle!

LA COMTESSE.
Vous voyez que je n'ai pas besoin de diamants pour cela.

RODOLPHINE.
Maintenant, courons à sa prison.

SCÈNE III.

Les Mêmes, PALMER.

La Comtesse laisse tomber son voile.

PALMER.
Madame, vous êtes la mère de Wilfrid, je le vois à vos larmes. Votre fils est libre.

RODOLPHINE.
Que dites-vous? vous ne me trompez pas!

LA COMTESSE, à part.
C'est l'homme du bal.

PALMER.
Les chevaliers de la reine étaient tous dehors cette nuit, disséminés autour du palais d'Eric, prêts, selon l'usage, à venir en aide à celui des leurs qui aurait couru quelque danger... On m'entendait avec votre fils; au moment où les gens de justice nous conduisaient du palais du comte Eric à la prison, les chevaliers de la reine ont fondu sur eux... ils allaient bien... Wilfrid a pris la fuite.

RODOLPHINE.
Mais où est-il maintenant?

PALMER.
Obligé de prendre de très-grandes précautions pour se rendre sans danger auprès de vous, il m'a chargé de venir vous rassurer. J'ai changé d'habits, et me voilà.

RODOLPHINE, *lui prenant la main.*

Que de reconnaissance, monsieur! Mais vous avez du sang à la main? vous seriez-vous battu?

PALMER.

Par mégarde, peut-être.

RODOLPHINE.

Mais il ne revient pas... si on le poursuit?

PALMER.

Impossible : on sortait du bal. La police s'est trouvée tout à coup entourée de tant de princes, de ducs, de grandes dames, d'honnêtes gens et de voleurs, qu'il faudrait une autre police pour la dégager.

RODOLPHINE.

Et pourtant il ne vient pas.

CLAUS, *accourant.*

Madame, madame, monsieur Wilfrid vient de paraître au bout du parc.

RODOLPHINE.

Oh! qu'il vienne! qu'il vienne!

LA COMTESSE, *à part.*

Le voir encore, et qu'il ne sache pas que je suis venue!

Claus sort.

SCÈNE IV.

WILFRID, RODOLPHINE, LA COMTESSE, PALMER.

RODOLPHINE.

Ah! le voilà! mon fils, mon fils!

WILFRID, *se jetant dans les bras de sa mère.*

Je suis près de vous, avec vous; mais ne trembles pas ainsi, ma mère.

RODOLPHINE.

Vous n'êtes pas blessé?

WILFRID.

Grâce à mes amis.

RODOLPHINE.

Monsieur m'a tout dit.

WILFRID.

Il était du nombre; il était à leur tête.
Il se tourne vers Palmer et lui prend la main.

LA COMTESSE, *bas, à Rodolphine.*

Ne vous endormez pas dans cette confiance. Ma voiture est à la grille; un ordre à mes gens, et votre fils est hors de Stockholm. Cet homme m'inquiète.
Elle entraîne Rodolphine près d'une table où elle se met à écrire.

WILFRID, *à Palmer.*

Vous vouliez me parler seul à seul. J'écoute.

PALMER.

Nous sommes vaincus.

WILFRID.

Désirez-vous un asile où vous cacher? l'hospitalité me fait un devoir...

PALMER.

Pas de phrases; des faits. Me cacher, non. Écoutez-moi. Norberg a un pied sur vous, Eric un pied sur moi. C'est le moment de rebondir et de se relever; moi, je l'ose; l'osez-vous?

WILFRID.

Disposez de mon bras, de ma vie.

PALMER.

Je les prends. Rendons-nous sur le chemin de Stockholm à Grimstadt. Nous nous arrêterons sur une chaussée pénible à gravir.

WILFRID.

Je connais l'endroit.

PALMER.

Nous y attendrons le passage de la reine.

WILFRID.

Il s'agit donc de la reine?

PALMER.

Et de quoi peut-il être question entre nous? Lorsque sa voiture ne sera plus qu'à quelques pas, vous arrêterez les chevaux.

WILFRID.

Monsieur...

PALMER.

Les chevaux s'arrêteront!...

WILFRID.

Ensuite?

PALMER.

Je m'approcherai de la voiture, et je prierai la reine de descendre.

WILFRID.

Avez-vous toute votre raison?

PALMER.

Croyez-vous qu'à mon âge on fasse encore du roman?

WILFRID.

Mais ses domestiques, ses dragons...

PALMER.

Je me charge de tout. Faites que je réussisse, et nous enlèverons la reine.

WILFRID.

Enlever la reine!

Ici la Comtesse de Leuvenbourg, qui a fini d'écrire et a remis à Rodolphine le papier, entend ces mots et s'écrie:

LA COMTESSE.

Qui parle d'enlever la reine?

WILFRID, *la reconnaissant.*

La comtesse de Leuvenbourg!

LA COMTESSE, *à part.*

Je me suis trahie!

PALMER, *à part.*

La belle inconnue du bal!

WILFRID.

La comtesse de Leuvenbourg, ma mère, est celle que par une méprise qui vous a causé tant de maux depuis hier, j'appelais la reine. Vous trompais-je en la disant si belle? Avais-je tort de l'aimer?

LA COMTESSE.

Monsieur...

WILFRID.

Oui, c'est pour vous et non pour la reine que j'ai affronté les sanglantes moqueries des courtisans, le rire grossier de la populace; c'est pour vous que je me cachais le soir dans les chênes touffus de Grimstadt, afin de vous voir courir le lendemain sur votre cheval les grandes chasses. Un jour vous passâtes suivie de cent cavaliers que vous aviez défiés de vitesse. Le vainqueur devait recevoir de votre main une coupe d'or. Le vainqueur ce fut moi.

LA COMTESSE.

Vous!

WILFRID.

Je n'eus pas la coupe d'or, mais le gant que dans votre course vous aviez laissé tomber sur le sable, je le ramassai... et le voilà.

RODOLPHINE.

Mon fils, ne faites pas repentir une noble dame d'être venue s'offrir à votre mère pour l'aider à votre délivrance.

PALMER, à part.

Ce n'est pas la reine qu'il aime!... Et moi qui lui proposais d'enlever la reine! Quel complice j'avais choisi! Je suis vaincu, terrassé par le sort.

WILFRID.

Oh! laissez-moi me dire heureux du danger que j'ai couru, puisqu'il vous a si généreusement émue pour moi. Un autre oserait se croire aimé.

RODOLPHINE.

Encore une fois, modérez-vous, mon fils; c'est une noble demoiselle.

PALMER, à Rodolphine.

Non, c'est une jeune fille.

WILFRID.

Ma mère a raison. Mais la beauté de votre action me trompe sans cesse. J'oublie malgré moi le respect dû à un rang que vous avez vous-même oublié. Je vous prends pour mon égale.

PALMER, bas à Rodolphine, en la retenant.

Que la jeunesse et l'amour sont deux belles choses, même à voir de loin! Ah! madame, ne les troublons pas.

WILFRID.

Comme je vous attriste par mes paroles!

LA COMTESSE.

Non. Si une faute a été commise en tout ceci, c'est à moi que je dois la reprocher. Dans mon rang, il ne faut pas se souvenir trop vivement d'un bienfait, d'un service rendu. Il ne faut pas être aimée surtout, on croirait que nous aimons. Oui, je suis d'un haut rang, redites-le moi. Je me plais trop à l'oublier.

PALMER, à Rodolphine.

Mais c'est ravissant! lui veut s'élever, elle descendre; je crois entendre chanter des oiseaux sur nos têtes. Oh! faites silence! faites silence! ils pourraient s'envoler.

WILFRID.

Que ne suis-je, moi, un gentilhomme de votre Suède si fière! que n'ai-je je ne sais quel oiseau effaré dans mes armes et quelles bizarres lettres devant mon nom! Pour obtenir cela, je ferais en un jour tout ce qu'ont fait en cinq cents ans les Banner, tous les Andréas ensemble... S'il ne faut que du courage et du sang, je sais où en prendre. Pourquoi ne suis-je rien, mon Dieu! Je vous ai pris pour une reine; trompez-vous, trompez-vous aussi.

LA COMTESSE.

Que lui dire? que je l'aime? lui ai-je dit autre chose depuis que je suis ici?

PALMER.

Ah! voilà mon histoire; la voilà!... Enfants! l'avez-vous fait pour me déchirer le cœur? vous auriez réussi. C'est que j'ai aimé de toute mon âme, moi aussi. Le feu s'est éteint, mais la cendre est encore chaude, et vous l'avez remuée. Que de ruines désolées là-dessous! Eh bien! soufflez sur ces rides précoces, plongez dans le fond de ces yeux, vous y découvrirez votre riante image. Oui, même ardeur entre elle et moi, même douce souffrance, même trouble charmant. Et j'ai été beau comme vous, Wilfrid, et j'ai aimé comme vous. Puis, l'oubli, le dédain, la solitude. Que cela fait du mal! Là sur ce front où sa tendre main s'est autrefois appuyée, regarder! regardez! il y a des cheveux blancs. Mais je vous fais peur. Allons! enfants, ne vous effrayez pas. Tenez; je n'ai pas pleuré. Oh! recommencez dans l'ombre le doux parler d'amour. Je ne vous dérangerai plus. Voyez; je suis bon; je ris. Eric! Eric!... que la foudre t'écrase!

Murmure confus et éloigné, produit par la voix du crieur.

RODOLPHINE.

Mais écoutez!

LA COMTESSE.

C'est le crieur public.

WILFRID.

Que nous importent ses paroles?

RODOLPHINE.

Ecoutez, vous dis-je!

LE CRIEUR, *dit dans la rue*.

Celui qui a outragé le prince Hermann s'est échappé; châtiment terrible à qui le cachera! vingt mille pièces d'or à qui le dénoncera.

PALMER.

Ah! l'on cherche le coupable!

LA COMTESSE.

Fuyez! fuyez! monsieur. Vous avez entendu, madame.

RODOLPHINE.

Venez, Wilfrid, suivez-moi; on vous cherche, on vous trouverait.

WILFRID, à la Comtesse.

Partir! oh! non; pourquoi partir! Si je pars, je ne vous verrai plus. Je ne pars pas.

LA COMTESSE.

Oh! ne l'écoutez pas, madame, emmenez-le. Quittez Stockholm, quittez la Suède. Malheur si on le prenait! J'ai entendu les menaces du comte Norberg.

RODOLPHINE.

Mon fils, venez, tout est prêt; une voiture est à la grille; les chevaux sont attelés. Venez; votre mère vous en prie; elle a besoin de votre existence!

PALMER.
Pauvre mère!

WILFRID.
Qui la veut la prenne. Je resterai ici. On me tuera, soit! Est-ce qu'ailleurs je ne mourrai pas?

LA COMTESSE.
A mon tour, je vous en prie, partez.

WILFRID.
Vous priez, vous pleurez, et vous voulez que je parte!

LA COMTESSE.
Oui, je le veux, je le veux.

WILFRID.
Dites-moi que vous m'aimez, et je pars.

RODOLPHINE, à la Comtesse.
Taisez-vous, il ne partirait pas.

LE CRIEUR, sous la croisée.
Châtiment terrible pour qui le cachera; vingt mille pièces d'or à qui le dénoncera.

PALMER.
Mais le coupable n'est donc pas connu?

RODOLPHINE.
Entendez-vous? entendez-vous?

WILFRID.
Dites que vous m'aimez, ou j'ouvre cette croisée et me dénonce moi-même.

LA COMTESSE, à Rodolphine.
Madame, que faut-il faire?

RODOLPHINE, à la Comtesse.
Taisez-vous; il ne partirait pas.

WILFRID, voyant que la Comtesse ne répond pas, court à la croisée et l'ouvre.
Le crieur... par ici.

RODOLPHINE.
Mon Dieu!

LA COMTESSE.
Ah!

RODOLPHINE.
Le crieur monte! je l'entends; qu'avez-vous fait, Wilfrid? Le crieur monte; il va entrer; il entre, c'est lui!

Le Crieur se présente.

PALMER, arrêtant le Crieur au fond.
C'est moi qui vous ai a... .. Je vais vous livrer le coupable. Marchon.... . . suis. (A Rodolphine.) Je vous répond.. . . . . salut pour quelques heures. Profitez de so. . . cablemen!.. Quitter Stockholm. (A la Comtesse.) Vous, comtesse, retournez au palais; mettez votre confiance en moi; mais partez! partez! (La Comtesse sort. A part.) A mon tour, si le ciel est juste, j'ai le pied sur la tête d'Éric!

Il sort. Wilfrid, la tête baissée, silencieux, est accablé de désespoir.

SCÈNE V.

RODOLPHINE, WILFRID.

RODOLPHINE.
Levez-vous, et partons.

WILFRID, sans changer d'attitude.
Hier, au milieu du bal, son bras s'est appuyé sur mon bras, et je lui ai dit que je l'aimais. Elle m'écoutait; aujourd'hui, elle ne m'aime plus.

RODOLPHINE.
Je vous parle de vous, Wilfrid, de votre mère. Si vous restiez ici, elle ne vivrait pas. A la vue d'un visage inconnu, je serais troublée, je vous perdrais.

WILF. D.
Ses larmes coulaient su. es joues pâlies, quand les gardes du palais m'entraînaient par la poitrine hors du bal. Elle a pleuré! et elle ne m'aime pas!

RODOLPHINE.
Partons, mon fils, ou je meurs.

WILFRID, se levant.
Où allons-nous? je veux que ce soit bien loin. Dites, où allons-nous?

RODOLPHINE, à part.
Merci, mon Dieu! (Haut.) Vous allez le savoir.

Elle sonne, Claus paraît.

SCÈNE VI.

CLAUS, RODOLPHINE, WILFRID.

CLAUS.
Me voici, madame.

RODOLPHINE.
Wilfrid, toi et moi, nous allons monter dans la voiture qui est à la grille. Tu nous conduiras jusqu'aux bords du golfe. Là nous nous embarquerons, et nous passerons en Amérique.

CLAUS, rentrant.
Vous ne pouvez plus partir.

RODOLPHINE.
Ne plus partir!

CLAUS.
Les chevaux ont été dételés.

RODOLPHINE.
Dételés! Eh bien, qu'on se hâte! qu'on les attèle de nouveau.

CLAUS.
Non, madame; les gens de la police qui sont à la grille ne le permettent pas.

RODOLPHINE.
Et le motif? parle! le motif?

CLAUS, bas, à Rodolphine.
Le prince Hermann, qui en ce moment entre au palais, vous le dira peut-être, madame.

RODOLPHINE, à part.
Le prince Hermann! Ah! qu'ils ne se voient pas encore face à face, lui et son fils!... (Haut.) Wilfrid, je veux connaître à l'instant la cause de cette violence exercée sur ma liberté. En attendant mon retour, rentrez tous deux dans ce cabinet. (A Claus.) Veille bien sur lui. (Ils entrent dans le cabinet. Seule.) Cet obstacle me tue; nous serions déjà sur le golfe. Que se passe-t-il donc au dehors?

SCÈNE VII.

RODOLPHINE, HERMANN.

RODOLPHINE.

Ah! venez. Croiriez-vous qu'on a osé à notre porte dételer les chevaux d'une voiture?

HERMANN.

On a bien fait. La mesure est prise dans mes intérêts même. On ne laisse sortir personne de Stockholm, afin que celui qui m'a outragé soit infailliblement pris s'il tente de s'échapper. Jusqu'ici on n'a pu l'atteindre, mais on le découvrira. Le comte Norberg en est sûr, et moi je demande que le coupable soit arrêté et qu'on le juge.

RODOLPHINE.

Ne faites pas un tel souhait. Ne songez pas à une vengeance dont Dieu s'est déjà chargé peut-être en frappant sur le cœur d'une pauvre mère dans les transes et dans les larmes.

HERMANN.

Tu pleures aussi, tu trembles, ma Rodolphine; mais ne faut-il pas un exemple nécessaire à ma sûreté personnelle?

RODOLPHINE.

Vous étiez bon autrefois, prince Hermann, vous rendiez la justice en marchant à travers vos blés, et jamais aucune mère ne vous a maudit à son coucher. Vous étiez bon, vous dis-je, et vous ne l'êtes plus.

HERMANN.

Quel langage!

RODOLPHINE.

Non, vous ne l'êtes plus; prouvez le contraire en faisant le contraire.

HERMANN.

Songe, ma Rodolphine, qu'il n'est plus en mon pouvoir d'arrêter des poursuites dont j'ai pressé moi-même l'exécution. J'ai voulu, j'ai signé, je me suis engagé par la parole, par la main, devant toute la cour.

RODOLPHINE.

Vous ne pouvez donc que le mal?

HERMANN.

Mais tu es cruelle! Si tu te prends d'une pitié si exagérée pour un étranger, que ferais-tu pour ton fils?

RODOLPHINE.

Ce qu'en ce moment je fais pour le vôtre.

HERMANN.

Que dis-tu?

RODOLPHINE.

Le coupable, c'est votre fils: c'est le mien.

HERMANN.

Mon fils! est-ce bien vrai? Oh! non, tu ne mens pas; tu es trop pâle. Et c'est mon fils qui m'a outragé! Quel crime!

RODOLPHINE.

C'est le vôtre! Méconnaître votre fils, l'éviter, le craindre! Il ne savait pas, lui, obscur enfant, ce qu'était son père, et vous avez oublié, vous, qu'il était votre fils, le mien. Je ne vous ai rien dit. Vous m'avez prise, puis vous m'avez laissée au bas des degrés pour une autre, moi votre femme. J'ai tout subi. Et pourquoi? parce que j'espérais que vous rendriez peu à peu à votre fils tout ce que vous m'enleviez en un jour. C'était un contrat d'affection passé entre votre élévation nouvelle et ma résignation. Y avez-vous été fidèle? non. Et pourtant je me suis faite, hors de ma patrie, votre domestique, votre esclave, afin de ramasser pour mon fils les miettes tombées de votre grandeur. J'ai pu me taire; mais Dieu, qui ne sépare jamais les enfants des pères, a mis un jour votre enfant sur votre passage, et Dieu vous a humilié par votre fils. Punissez-le, punissez-le, pour que votre propre châtiment soit complet. La justice vous attend l'un et l'autre: lui, celle des hommes; vous, celle de Dieu.

HERMANN.

Oh! ne m'accable pas!

RODOLPHINE.

N'avez-vous pas signé l'acte d'accusation?

HERMANN.

Mais je n'ai rien voulu, je n'ai rien signé, j'annule tout.

RODOLPHINE.

Ah! je vous aime, mon Hermann; vous êtes plus grand qu'un roi en parlant ainsi, vous êtes père. Tiens, je suis encore ta femme.

Elle se jette à son cou.

HERMANN.

Mais où est-il?

RODOLPHINE.

Là.

HERMANN.

Viens, viens.

SCÈNE VIII.

Les Mêmes, WILFRID, *entrant.*

WILFRID.

J'ai tout entendu, mon père.

HERMANN.

Mon fils!

RODOLPHINE.

Oui, cachons-le étroitement entre nous deux, Hermann; car la justice rôde autour de chaque maison.

HERMANN.

Qu'on vienne le chercher maintenant.

RODOLPHINE.

Mieux vaut encore que notre fils parte, qu'il sorte de Stockholm sur-le-champ, dans votre voiture, comme vous l'avez dit.

HERMANN.

Sitôt! Je n'aurai pas eu seulement le temps de le voir.

WILFRID.

Merci, mon père, pour tant d'affection qui vous est mille fois rendue. Je suis encore digne de vous, car ce n'est point la reine qui a allumé en moi une passion qui eût été criminelle. Mais ma mère a raison; mon départ importe avant tout à votre dignité. Quel scandale! si par mon arrestation on venait à découvrir la vérité au fond de ce mystère de famille! J'y laisserais la liberté peut-être; vous, à coup sûr, l'honneur.

HERMANN.

Ne retrouver un si noble enfant que pour s'en séparer! Fais ce que tu voudras de mon aveu; oui, je m'en accuse, j'ai manqué de tendresse envers toi. Ne jamais consentir à te voir! te faire élever loin de moi! Mauvaise honte, petitesse de prince. Oh! pardonne-moi, pardonnez-moi aussi tous deux. Oh! tous deux sur mon cœur; plus près et l'enfant et la mère, afin qu'on ne voie plus le roi.

CLAUS, accourant.

Prince, une lettre du comte Norberg!

RODOLPHINE.

Oh! lisez, lisez... je tremble malgré moi. (*Prenant la lettre.*) Non, donnez, je vais lire. (*Elle lit.*) Que vois-je! le major Palmer s'avoue coupable!

WILFRID.

Qu'entends-je?

HERMANN.

Que dis-tu?

RODOLPHINE, *lisant*.

« Deux hommes se sont avancés au pied du
» tribunal; l'un d'eux a dit: Je suis le crieur pu-
» blic; cet homme vient de se livrer à moi: l'au-
» tre a ajouté d'une voix ferme: Celui qui a
» insulté le prince, c'est moi, le major Palmer. »

WILFRID.

Mais, c'est impossible.

HERMANN.

Qu'est-ce donc que le major Palmer?

RODOLPHINE, *lisant*.

« N'ayant pas le droit d'appeler la reine à la
» barre, les juges ont prié la comtesse de Leuven-
» bourg de venir témoigner. Sa déposition a lieu
» en ce moment. »

HERMANN.

Ciel!

RODOLPHINE, *lisant*.

« J'ai cru devoir, prince, vous instruire de cet
» événement, que je ne puis m'expliquer. »

HERMANN.

Et la comtesse sait que c'est Wilfrid... Grand Dieu! que va-t-il arriver de tout ceci?

SCÈNE IX.

Les Mêmes, LA COMTESSE.

LA COMTESSE, à *Rodolphine*.

Madame, votre fils n'a plus rien à craindre. Que vois-je? le prince Hermann ici!

RODOLPHINE.

Oui, le prince Hermann, qui a eu pitié de la douleur d'une mère et a pardonné Wilfrid... Ah! vous pouvez parler devant lui.

HERMANN.

Dites, dites, comtesse; à tout prix je voudrais le sauver à présent.

LA COMTESSE.

Il ne craint plus rien. Un autre, comme vous le savez, s'est déclaré coupable.

WILFRID, à *part*.

Un autre! C'est donc bien vrai?

LA COMTESSE.

On m'a appelée en témoignage.

HERMANN.

Et vous êtes allée au tribunal.

LA COMTESSE.

J'en sors.

RODOLPHINE.

Elle n'a pas la force de parler.

LA COMTESSE.

Dieu m'a donné la force de parler devant les juges. Ils m'ont dit: Cet homme debout devant vous est-il bien celui qui a frappé le prince? — Oui, c'est lui, ai-je répondu.

WILFRID.

Mais ce n'est pas lui.

LA COMTESSE.

Jurez-le, m'ont dit ensuite les juges. — Je le jure.

WILFRID.

Mais c'est un mensonge.

RODOLPHINE.

Ah! vous avez bien fait de mentir.

HERMANN.

Vous avez pensé à cette pauvre mère.

LA COMTESSE.

J'ai pensé... Ah! tenez, pas de second parjure, je n'ai pensé qu'à moi. Vous avez risqué votre vie, monsieur Wilfrid, pour sauver la mienne; moi, pour vous, j'ai perdu mon âme.

RODOLPHINE, *baisant la main de la Comtesse*.

Que Dieu m'entende! Je prends le parjure pour moi; que seule j'en sois punie.

WILFRID.

Elle m'aime donc! Oh! comme elle m'aime!

LA COMTESSE.

Adieu, je pars; la reine m'attend au château de Grimstadt.

RODOLPHINE, *reconduisant la Comtesse*.

Partez avec les bénédictions d'une mère. Que mes regards vous accompagnent aussi loin qu'ils le pourront, et que ma reconnaissance ne vous quitte jamais.

HERMANN.

Le prince vous a comprise, et l'homme vous remercie.

Ils sortent.

SCÈNE X.

WILFRID, seul.

Dès le commencement du monologue, on entend tinter une cloche. La nuit vient graduellement.

Elle m'aime! mon ciel se découvre. Jeunesse, espoir, bonheur, existence, reparaissent ensemble. Retrouver mon père, être aimé de la comtesse de Leuvenbourg, c'est trop. La joie, comme une mer, déborde mon cœur; l'étonnement est si grand qu'il me fait douter de moi-même. Est-ce ivresse, folie, rêve, réalité? n'importe. Vivre et être aimé! Vous voulez donc me faire douter du ciel, ô mon Dieu! en m'accordant tant de félicité sur la terre! Mon cœur n'est pas ingrat. Je voudrais dire au monde entier: J'aime, je suis aimé. (*Ici le son de la cloche devient plus fort.*) Du calme, mon âme! recueillez-vous. Oh! que le doux tintement de cette cloche lointaine me réjouit, me berce et s'accorde avec la fièvre de mes sens! Comme elle murmure à mes oreilles des paroles enchantées! Ne croirait-on pas qu'elle me dit : Wilfrid! Wilfrid! Wilfrid! elle vous aime, elle vous aime, elle vous aime! (*A cet endroit du monologue, Donald et plusieurs autres amoureux de la Reine, armés de flambeaux, s'introduisent, et debout près de la porte, ils écoutent l'hymne rêveur de Wilfrid.*) Et vous irez tous les deux par les bois,—par les prés,—le long des clairs ruisseaux, — par les prés, — tous les deux rêveusement le matin; elle, regardant l'herbe des champs; et vous, son époux, son ami, son époux, son ami, — baisant sa main, — sa petite main, — sa blanche main. Oh! cette cloche me rend fou... c'est qu'elle dit cela !

SCÈNE XI.

WILFRID, DONALD, SES COMPAGNONS.

La cloche sonne toujours.

DONALD.

Tu te trompes, Wilfrid; cette cloche sonne le glas de la mort.

WILFRID.

Donald!

DONALD.

Sais-tu ce que dit cette cloche?

WILFRID.

Ton accent me glace d'épouvante.

DONALD.

Elle dit: écoute-la: Un homme a pris sur les bancs de la justice la place de Wilfrid, de Wilfrid, de Wilfrid qui s'est caché.

WILFRID.

Oh! cela n'est pas.

DONALD.

Cet homme vient d'être condamné, et Wilfrid a manqué de cœur; il a eu peur, peur, peur. Écoute donc la cloche.

WILFRID.

Donald!

DONALD.

Écoute-la toujours, Wilfrid, l'amoureux de la reine; celui que nous jalousions tous, n'a pas osé s'accuser, lui, l'amoureux de la reine, l'amoureux de la reine.

WILFRID.

Mais ce n'est pas la reine que j'aime.

DONALD.

Excuse infâme !

WILFRID.

Non, ce n'est pas la reine que j'aime.

DONALD.

Mensonge! il n'a du courage que pour mentir, quand un autre va mourir pour lui, mourir, mourir, mourir!

WILFRID.

Que dis-tu ?

DONALD.

Le major Palmer a été condamné à monter sur l'échafaud. N'entends-tu pas, lâche! lâche! lâche !

SCÈNE XII.

LES MÊMES, RODOLPHINE.

RODOLPHINE.

Quel est ce bruit ?

WILFRID.

Ma mère, dites à la comtesse de Leuvenbourg qu'il n'y avait sur la terre que deux endroits assez élevés pour reconnaître son dévouement : le trône ou l'échafaud.

RODOLPHINE.

Où courez-vous, mon fils ?

WILFRID.

A l'échafaud, ma mère! à l'échafaud !

Rodolphine pousse un cri terrible et tombe.

ACTE CINQUIEME.

Les appartements de la Reine. Décoration octogone. Au fond, une cheminée au-dessus de laquelle est une pendule gothique qui marque l'heure à mesure. Quatre portes latérales ; la première, à droite du public, est celle qui conduit au conseil ; la seconde, celle par où l'on vient du dehors ; la première, à gauche du public, celle du cabinet où l'on enferme Palmer ; la seconde, celle qui conduit aux appartements de la Reine. A gauche, une table et tout ce qu'il faut pour écrire. Au lever du rideau, la pendule marque dix heures et demie. Les heures doivent être distinctement aperçues de tous les points de la salle.

SCÈNE PREMIÈRE.

PALMER, CHRISTIAN.

PALMER.
Où me conduisez-vous, baron Christian ?

CHRISTIAN.
Dans les appartements de la reine, où le comte Éric m'a ordonné de vous introduire.

PALMER.
Dans les appartements de la reine !

CHRISTIAN.
Sa majesté vous accorde une audience particulière.

PALMER.
La reine va venir !

CHRISTIAN.
Le comte Éric est allé la chercher exprès pour vous à Grimstadt.

PALMER.
Exprès pour moi, c'est fort bien ; sans cela, je ne aurais jamais pardonné à Éric de m'avoir dérangé. Mais à propos, qu'a-t-il dit aux juges, pour qu'ils m'aient relâché si facilement ?

CHRISTIAN.
Il leur a dit la vérité.

PALMER.
C'est une erreur de sa part, votre maître connaît trop bien le prix du temps.

CHRISTIAN.
Je vous assure, monsieur le major, que les choses se sont passées comme je vous les rapporte. Vous attendiez fort tranquillement que le président eût prononcé votre sentence, qui nous était déjà connue, lorsque...

PALMER.
Oui, j'attendais ce moment suprême afin de pouvoir dire à trois mille personnes ce que j'avais sur le cœur, car au bal du comte Éric ma voix a été étouffée ; oui, au tribunal on m'aurait entendu. Mais, pardon, vous disiez, je crois, que ma sentence vous était connue ; à quoi m'avait-on condamné ?

CHRISTIAN.
A mort.

PALMER.
Bien fâché de vous avoir interrompu ; poursuivez. Qui est-ce qui a empêché qu'on prononçât ma sentence ?

CHRISTIAN.
La présence du vrai coupable.

PALMER.
Pour si peu.

CHRISTIAN.
Porté presque en triomphe par les chevaliers de la reine, il a déclaré avoir retenu l'aveu de sa faute jusqu'au moment où votre sentence lui a été connue ; mais dès qu'il a su, a-t-il ajouté, qu'elle portait la peine de mort contre vous, il n'a pas voulu laisser punir un innocent.

PALMER.
Comme si quelqu'un le lui demandait.

CHRISTIAN.
Sa déclaration était appuyée par le témoignage de tous les chevaliers.

PALMER.
Des fous.

CHRISTIAN.
Un témoin puissant, irrécusable, s'est présenté à la justice.

PALMER.
Et quel est ce témoin, auquel je dois de ne pas être pendu ?

CHRISTIAN.
Le comte Éric lui-même.

PALMER.
Décidément, il sera mon ennemi jusqu'à la tombe.

CHRISTIAN.
Le comte Éric a dit, il a déclaré que le coupable ce n'était pas vous, absent du bal au moment de l'insulte, mais le jeune homme qui se dénonçait lui-même.

PALMER.
Allons ! le moyen pour obtenir ce que je désirais a réussi au delà de mes espérances. Bizarre Éric ! quand il ne parvient pas à me tuer, il prend sa revanche en m'empêchant de mourir, toujours pour que je ne parle pas. Vous voyez donc, baron Christian, qu'il s'agit moins de solliciter sans cesse que d'être un peu étranglé, pour obtenir ce qu'on demande sous le gouvernement de sa majesté.

On entend du bruit.

CHRISTIAN.
On se rend ici, monsieur le major ; j'entends ouvrir les portes de l'antichambre. Personne ne devant vous voir, veuillez entrer et rester dans ce cabinet jusqu'au moment de votre audience secrète.

PALMER.

Soit. (*A part, en s'arrêtant.*) Si pourtant c'était encore un piége! Il est bien poli.

CHRISTIAN.

Il se méfie de nous.

PALMER, *à part.*

Je n'ai pas mal fait, je crois, de promettre au comte Norberg de tout lui dire ici dans une heure, si Éric s'avisait une dernière fois de me jouer. Le comte Norberg me sait ici. (*Haut.*) A vos ordres, baron Christian; vous êtes né pour m'enfermer.

SCÈNE II.

RODOLPHINE, CHRISTIAN.

RODOLPHINE.

Est-ce dans ce salon qu'on attend la reine?

CHRISTIAN.

Oui, madame.

RODOLPHINE.

Ah! elle est ici. Je reviens de Grimstadt, où l'on m'avait dit qu'elle était.

CHRISTIAN.

Partie dans la soirée, elle est revenue ce matin de bonne heure.

RODOLPHINE.

Et ne puis-je pénétrer dans cette autre pièce?

CHRISTIAN.

Impossible! la reine y est.

RODOLPHINE.

Impossible! si elle tardait à paraître, mon Dieu!

CHRISTIAN, *offrant un fauteuil à Rodolphine.*

Asseyez-vous, madame. Vous souffrez beaucoup.

RODOLPHINE.

M'asseoir! il faut que je voie la reine tout de suite! il le faut! il le faut!... Que fait-elle donc dans cet appartement? Oh! par bonté, par pitié, monsieur, permettez-moi d'y entrer.

CHRISTIAN.

Entrer dans la chambre à coucher de la reine!

RODOLPHINE.

Une femme, monsieur, peut prendre cette liberté. Laissez-moi dire à la reine, et vous serez bon, laissez-moi lui dire que c'est une femme, plus qu'une femme, une mère qui la supplie de l'entendre.

CHRISTIAN.

Personne n'a le droit de s'introduire dans cette chambre.

RODOLPHINE, *à part.*

Personne! et moi qui espérais qu'Hermann arriverait jusqu'à elle! (*Haut.*) Il faut que je voie la reine, pourtant.

CHRISTIAN.

Patientez, calmez-vous, madame; il est dix heures et demie, la reine recevra dans peu de temps, je pense.

RODOLPHINE.

Mais à onze heures on tue mon fils! Comment voulez-vous que j'attende?...

CHRISTIAN.

Vous seriez la mère du condamné?

RODOLPHINE.

Vous le voyez bien... Et j'accours demander sa grâce aux pieds de la reine, les lui baiser à genoux, lui demander la grâce de mon fils! Elle me l'accordera, n'est-ce pas?... Mon Dieu! déjà cinq minutes que je pleure!... Que de temps perdu! Ainsi, monsieur, il faut que j'entre; vous le comprenez. Dieu m'en voudrait si je ne brisais pas cette porte!

CHRISTIAN.

Mais, madame...

RODOLPHINE.

Ne ne me retenez pas, ou je vous maudis au nom de votre mère!

Elle entre précipitamment dans la chambre de la Reine.

PALMER, *dans le cabinet.*

Baron Christian! baron Christian!

CHRISTIAN.

Qu'a donc le major Palmer? Voyons.

Il entre dans le cabinet.

RODOLPHINE, *sort brusquement de la chambre à coucher de la reine.*

Personne! la reine est au conseil!... Mon fils mourra! (*Elle tombe dans un fauteuil. Se levant.*) Ah! ma douleur m'avait fait oublier une dernière espérance. Hermann a cherché à voir la reine. C'est qu'il ne revient pas, mon Dieu! (*Elle regarde la pendule qui est sur la cheminée et pose la main sur les aiguilles.*) Mais ne marchez donc pas si vite!... Voici Hermann. Avez-vous vu la reine, Hermann, l'avez-vous vue?

SCÈNE III.

HERMANN, RODOLPHINE.

HERMANN.

La reine est au conseil.

RODOLPHINE.

Ce n'est pas ce que je vous demande.

HERMANN.

On ne parvient pas jusqu'à elle.

RODOLPHINE.

Mais vous?

HERMANN.

Moi, moins que personne.

RODOLPHINE.

Et vous êtes roi?

HERMANN.

Que faire?

RODOLPHINE.

Je ne sais; mais l'échafaud de mon fils est dressé!

HERMANN.

Ton délire me fait peur.

RODOLPHINE.

Ne voulez-vous pas que je sois calme?... Retournez au conseil.

HERMANN.

Oui.

RODOLPHINE.

Ouvrez-vous un chemin jusqu'à la reine.

HERMANN.

Oui.

RODOLPHINE.

Dites-lui que Wilfrid est votre fils; criez-le en plein conseil. Déshonorez-vous.

HERMANN.

Oui, oui.

RODOLPHINE.

Dites-lui que vous voulez la grâce de votre fils. Prenez-lui la main comme ça et faites-la signer. Voilà tout.

HERMANN.

J'y cours.

RODOLPHINE.

Revenez avec sa grâce... ou ne revenez pas. (*Hermann entre dans la galerie qui conduit à la salle du conseil. La porte reste ouverte. Rodolphine, dans une attitude de désespoir, le suit des yeux; peu après elle s'écrie:*) Il se fait faire place, un garde résiste. Tue-le, Hermann, et passe. Ciel! Éric!

On entend des pas précipités dans la galerie et on voit paraître Hermann, entraîné par Éric.

SCÈNE IV.

ERIC, HERMANN, RODOLPHINE.

ÉRIC.

Où alliez-vous?

HERMANN.

Chez la reine.

ÉRIC.

Imprudent!

HERMANN.

J'allais lui demander...

ÉRIC.

Je sais tout. Le condamné est votre fils, on a trouvé sur lui une lettre où il vous traçait ses derniers adieux... Pour le sauver, vous allez publier devant tous que vous êtes le père de ce jeune homme. Quelle résolution! quelle audace inutile!

RODOLPHINE.

C'est moi qui l'ai voulu, moi, la mère de Wilfrid.

ÉRIC.

Et l'épouse du prince... je sais tout, vous dis-je. Vous ne ferez pas cet aveu. Songez-y, prince. Ce n'est pas seulement la reine que vous plongeriez dans la confusion en osant le faire, mais la Suède, la nation indignée d'apprendre que vous étiez déjà marié lorsque vous épousâtes la reine, et que vous aviez un fils dont on aurait découvert l'existence au moment où il allait monter sur l'échafaud.

RODOLPHINE.

Que l'univers le sache, et sauvons notre fils.

ÉRIC.

Mais l'honneur de la reine!

RODOLPHINE.

Mais l'amour pour sa femme!

ÉRIC.

Sa femme, c'est la reine, madame!

RODOLPHINE.

Sa femme, c'est moi... moi, la mère de son fils, et que vous tuez par vos paroles, car le temps s'écoule. Mais parlez donc, vous!

HERMANN.

Est-ce qu'il ne voit pas ton visage?

ÉRIC.

Pourquoi avoir révélé à votre fils sa haute naissance? obscur, on l'aurait pardonné, mais fils du mari de la reine de Suède, jeune homme impétueux, qui, après avoir outragé la royauté, dirait demain d'où il vient! De tels secrets ne se gardent pas. Lui faire grâce! n'y comptez point. Votre honneur, prince, est celui de la reine, et celui de la reine ne peut être terni.

HERMANN.

Rendez-moi mon fils et reprenez votre royauté. Que parlez-vous de prince et de roi? Vous avez fait de moi une esclave, comte Éric... si je suis roi, laissez-moi commander; si je ne suis rien, qu'on me renvoie, en me rendant mon fils. C'est tout ce que je veux.

RODOLPHINE.

Plus que vingt minutes, mon Dieu! Je m'adresse à vous du fond de l'âme. Ayez pitié, ayez pitié de moi! Ah! vous êtes trop haut pour m'entendre!

La porte du cabinet où est Palmer s'ouvre brusquement. Palmer entre en scène.

SCÈNE V.

LES MÊMES, PALMER, CHRISTIAN.

PALMER.

Il vous a entendue, madame.

ÉRIC.

Palmer!

HERMANN, *à part*.

Quel est cet homme?

PALMER.

Du papier, une plume.

Éric, saisi d'étonnement, indique une table à Palmer.

PALMER, *répétant tout haut les phrases qu'il écrit*.

« Nous accordons la grâce du condamné Wilfrid, et sa liberté sur-le-champ. »

Voilà, madame; sa grâce est dans vos mains; votre fils est libre; vous allez l'embrasser.

RODOLPHINE.

Se jouer d'une mère en pleurs! oh! je ne croyais pas cela possible.

PALMER.

Je vous dis que vous tenez sa grâce.

HERMANN.

Vous jouez, monsieur, d'une manière cruelle avec un droit qu'a seule la reine de Suède.

PALMER.
Dites à la reine de signer; elle signera.
ÉRIC.
Et qui se chargera de lui porter cette grâce à signer? qui osera pénétrer jusqu'à la reine?

SCÈNE VI.

Les Mêmes, LA COMTESSE DE LEUVENBOURG.

LA COMTESSE.
Moi!
PALMER.
Oh! oui, vous, vous. Portez donc ceci à la reine, dites-lui que c'est de la part du major Palmer, et revenez dans trois minutes.
LA COMTESSE.
Oh! plus tôt, plus tôt.
Elle sort précipitamment.
PALMER.
Baron Christian! baron Christian! vite à cheval! et attendez à la grille la grâce du condamné Wilfrid, qui va vous être remise.
CHRISTIAN.
J'obéis, monsieur le major.
Il sort.
PALMER.
C'est bien heureux, il a fini par obéir.
RODOLPHINE, *à Éric, en lui montrant le major Palmer.*
Est-ce que monsieur ne me trompe pas?
ÉRIC.
Non, madame.
RODOLPHINE, *elle veut se jeter aux genoux de Palmer.*
Ah! monsieur!
PALMER, *la retenant.*
Laissez-moi voir vos belles larmes, et je serai récompensé. Qu'elles inondent mon cœur où tant de stériles fleurs ont poussé sans y laisser de parfum; qu'il s'y baigne et s'épure! c'est bon, c'est profond, c'est d'une source vive. Pleurez, mère, pleurez! c'est ainsi qu'on rit au ciel! Tu as du bon, Palmer; allons, tout n'a pas péri dans le naufrage.
RODOLPHINE.
Quel noble cœur vous faites!
HERMANN.
Mais qui êtes-vous, monsieur?
RODOLPHINE.
Oh! dites-moi qui vous êtes, afin que dans ma prière de chaque matin, de chaque soir, de chaque instant, je puisse parler de vous à Dieu.
PALMER.
Je suis... je suis... leur regard me perce l'âme. Je suis un homme comme tous les hommes. Dites cela à Dieu, qui sera fort indulgent s'il le prend ainsi à mon égard.
RODOLPHINE.
Non, monsieur, vous n'êtes pas ce que vous voulez dire. La reine de Suède ne signerait pas ainsi, sur votre simple désir, la grâce de mon fils.
PALMER.
Elle est disposée au pardon.
RODOLPHINE.
Vous êtes trop sûr de la prompte exécution de votre commandement. Dites-moi qui vous êtes, je l'exige.
PALMER.
Ah! voici la réponse de la reine!
Un huissier entre avec la réponse.
RODOLPHINE.
Donnez! ah, donnez vite!
ÉRIC, *il prend deux papiers des mains de l'huissier, il en garde un et remet l'autre à Palmer après l'avoir rapidement lu.*
Tiens, Palmer, voilà ton ouvrage! Lis.
PALMER, *lisant tout haut.*
« J'abdique.
» Signé, LA REINE. »
RODOLPHINE.
La reine n'a pas signé la grâce de mon fils! Wilfrid va mourir. (*N'osant pas se retourner.*) Hermann, regarde l'heure.
HERMANN.
Je l'ai vue.
ÉRIC, *à part.*
La comtesse est auprès d'elle.. courageuse confidence! oh! je l'espère! tout n'est pas perdu pour l'honneur de la Suède et de la reine.
PALMER.
La reine abdique! Ah, je suis donc quelque chose. L'homme qu'on enfermait avant-hier dans une maison de fous, qu'on menaçait de déporter en Laponie, qu'on bafouait dans un bal, est parvenu en quelques heures à obliger une puissante reine à descendre du trône. Je chasse ceux qui m'ont chassé. (*A Hermann.*) Prince, je vous détrône.
HERMANN.
Qui me rendra mon fils?
PALMER.
Ah! la reine n'a pas voulu signer la grâce! elle est donc sans pitié, sans pitié comme toi tantôt avec ces pauvres cœurs désolés, Éric. Guerre à tous deux alors! (*A Hermann.*) Que vous disait-il? que vous reprochait-il? de vous être marié avant d'épouser la reine! Maladroit, imprudent! mais la reine, sa royale souveraine, était mariée, oui, mariée avant de devenir votre femme!
HERMANN.
Que dites-vous?
PALMER.
Elle était mariée, vous dis-je; et la preuve, c'est que je suis son mari.
HERMANN.
Vous, son mari!
RODOLPHINE.
Qu'est-ce que j'entends? est-ce que la douleur me rend folle?
PALMER.
Éric est-là pour dire si je mens.

HERMANN.
Éric garde le silence.

PALMER.
Que voulez-vous que dise un diplomate quand il n'a pas à mentir? (*A Rodolphine.*) Maintenant, madame, vous ne me demanderez plus qui je suis. On nous a réciproquement trompés; nous sommes de ceux qu'on prend pour empêcher les incendies romanesques du premier âge, vous et moi, gens de rien ou de peu. D'un côté, du vôtre, cela s'appelle épouser sous le manteau, se marier de la main gauche, s'unir morganatiquement; cela a plusieurs noms, comme toutes les vilaines choses. Ainsi font les princes de votre pays envers les belles et obscures filles de leurs états. Moi, j'étais marié, mais parfaitement marié avec la princesse Dorothée. Bel avantage! vous le voyez, la main droite n'a pas mieux valu que la main gauche. On trompe de toutes les mains.

ÉRIC.
Palmer! Palmer!

PALMER.
Et l'auteur du second mariage de la reine, c'est toi! comme l'auteur du premier c'était toi. Tu maries avec impunité! oui, c'est toi qui dis un jour au prince de Calmar: Votre fille, la princesse Dorothée, n'arrivera jamais au trône: ce gentilhomme l'aime, donnez-la-lui. Erreur! je l'épouse; elle arrive au trône, et tu te dis alors: Puisque Palmer est dans l'Inde, il y restera. Je passe pour mort depuis quatorze ans; et qui m'a tué? toi.

RODOLPHINE.
Mon Dieu! que disent-ils? ils ne parlent pas de mon fils.

PALMER.
Oui, il m'en souvient maintenant, tu le voulus secret, mon mariage! tu prévoyais donc?... Tu prévois tout! Ah! homme d'esprit! eh bien! as-tu prévu ce qui arrive? ma présence aux secondes noces?

ÉRIC.
Palmer, tais-toi!

PALMER.
Madame, nous avons été joués tous les deux. Pourquoi pleurer, madame, parce qu'ils ont tué votre fils? faites-les donc pleurer!

ÉRIC.
Palmer, tais-toi!

RODOLPHINE.
Plus que quatre minutes, et mon fils ne sera plus.

HERMANN, *à Palmer.*
Si vous êtes le roi, sauvez, sauvez mon fils.

PALMER.
Son fils! entends-tu, Éric! et moi je te demande ma femme, ma femme, entends-tu? Hier, je ne voulais que quelques friperies orgueilleuses, et sans le vouloir il m'est donné aujourd'hui d'arrêter un règne au milieu de sa course, ainsi que font les conquérants, et rien ne m'oblige à me taire.

ÉRIC.
Palmer, tais-toi!

PALMER.
Non, parle, insulte, tonne, Palmer; venge-toi! mais venge-toi donc! entre dans ce salon où s'élève le trône de la Suède, monte sur ce trône, assieds-toi, carre-toi sur le velours, et puisqu'il n'y a plus de reine, fais entrer les grands, fais entrer le peuple, et dis à tous: L'exilé, le fou, le dégradé, l'aventurier Palmer est votre roi. Saluez-le... salut au roi Palmer! Place! place!

La pendule sonne onze heures.

RODOLPHINE.
Hermann! onze heures!... nous n'avons plus de fils!

SCÈNE VII.

LES MÊMES, WILFRID, LA COMTESSE DE LEU-VENBOURG.

WILFRID, *dans la coulisse.*
Ma mère! ma mère?

Wilfrid entre.

RODOLPHINE.
Mon fils! il vit encore!

HERMANN.
La reine a fait grâce.

PALMER, *regardant le groupe d'Hermann, de Wilfrid et de Rodolphine.*
Et moi, je ne fais pas grâce à la reine. Pas de grâce.

ÉRIC.
Ah! tais-toi, Palmer, plus que jamais tais-toi, car la reine te rend ton enfant aussi.

PALMER.
Éric! Éric! qu'as-tu dit? un enfant, j'ai un enfant! Il est des mensonges qui tuent.

ÉRIC, *montrant la Comtesse.*
Regarde ta fille.

PALMER.
Toi! ma fille! tu serais, tu es ma fille! Mon Dieu! je crois en vous.

LA COMTESSE.
Oh! dans vos bras, mon père!

ÉRIC.
N'avais-je pas raison de te dire: Palmer, tais-toi!

PALMER.
A moi tant de bonheur? J'ai souffert, beaucoup souffert; eh bien! je ne me plains pas. Quelle récompense! comme c'est bon d'avoir souffert!

LA COMTESSE.
Encore un baiser pour vos souffrances!

PALMER.
Encore mille!

Tandis que Palmer embrasse la Comtesse, Hermann presse Wilfrid sur son cœur.

HERMANN.
Maintenant, mon Dieu, renvoyez votre serviteur, il a assez vécu.

PALMER.
Vous n'êtes pas seuls heureux; j'ai un enfant aussi.

RODOLPHINE.
Le ciel nous le rend, Hermann, gardons-le bien.

PALMER.
Mais regardez donc, madame! je vous dis que c'est ma fille. C'est à moi cela!

LA COMTESSE.
Que vos caresses me font du bien!

PALMER.
Ils ne m'écoutent pas. Mais c'est ma fille! mes pressentiments ne m'avaient donc pas trompé? Doux gage qu'en partant j'avais laissé à ta mère! Je t'aime! ces mains, ces beaux yeux sont à moi! les mains de ma fille! mais tu es la plus belle, la plus aimée des créatures, tu me pardonnes, n'est-ce pas?

LA COMTESSE.
Vous ne m'avez fait aucun mal, mon père.

PALMER.
N'importe! pardonne-moi toujours. Comment te nommes-tu?

LA COMTESSE.
Caroline.

PALMER.
Mon âme a fait ton âme, et Charles Caroline. Que je suis beau dans toi! c'est bien de t'avoir nommée de mon nom. Laisse-moi le dire en t'embrassant. Caroline! mais je suis fou, je pleure. Éric, regarde, Palmer pleure.

ÉRIC.
Eh bien! Palmer, ces prétentions de roi?

PALMER.
Je voulais un trône. Éric, et le voilà. (Il désigne la comtesse de Leuvenbourg.) Est-ce que tu ne vaux pas le plus beau trône du monde! Viens, ici, mon royaume.

LA COMTESSE.
Que je suis heureuse!

PALMER.
Mais je me suis oublié. Que faisons-nous ici? on va encore peut-être t'arracher, te voler à ton père. A qui se fier ici? Te perdre! j'en mourrais cette fois. Ta mère est une toute-puissante souveraine; j'ai peur. On nous épie. Ta mère! Elle m'a tant fait souffrir! quinze ans! tout le temps que Dieu a pris pour te faire si belle, et je l'aimais comme je t'aime! n'hésite pas. Oh! viens! viens! fuyons-la!

WILFRID, à Rodolphine.
Ma mère, elle nous quitte.

UN HUISSIER.
La reine.

SCÈNE VIII.

LES MÊMES, LA REINE.

Palmer reste immobile.

RODOLPHINE, à genoux aux pieds de la reine.
Soyez bénie par le fils et par la mère. Vous avez fait grâce de la vie à tous les deux.

LA COMTESSE, à genoux de l'autre côté.
Merci! ma noble mère, pour la première fois que je vous donne ce nom.

LA REINE.
Ne remerciez que Dieu. La reine signe les grâces, mais c'est Dieu qui les dicte. La grâce avait précédé l'abdication.

PALMER, dont l'émotion a crû d'instant en instant depuis l'entrée de la reine, dit, incliné et à demi-voix :
Longs jours à votre glorieuse majesté! le dernier de vos sujets vous crie dans la poussière : Longs jours à votre glorieuse majesté! Non! vous n'abdiquerez pas! la mère de notre enfant doit rester une reine grande et respectée. Régnez et pardonnez.

Il déchire l'acte d'abdication, et il est relevé par la Reine avec affection et dignité.

LA REINE, à Palmer.
La reine et la mère sont à votre merci. Que voulez-vous?

PALMER.
Je solliciterai de votre majesté une faveur, un dernier bienfait, qui adoucira pour moi l'amertume d'une séparation commandée par le devoir.

LA REINE.
Parlez. C'est accordé.

Palmer présente à la Reine Wilfrid et la comtesse de Leuvenbourg.

LA REINE.
Qu'ils soient plus heureux que nous!

WILFRID.
Eveillez-moi, ma mère!

LA COMTESSE.
Quel bonheur! je ne serai jamais reine.

Rodolphine donne le bras à son Fils, Palmer à la Comtesse.

RODOLPHINE.
Et nous maintenant, en Allemagne.

HERMANN, à Rodolphine.
N'oublie pas mes fleurs là-bas.

WILFRID, à la Comtesse.
En Allemagne! avec vous, mon amie.

LA COMTESSE.
Avec vous, mon père!

LA REINE, à Hermann.
Et nous... allons régner!

FIN.

AVIS.

Afin que la cloche produise aux scènes x et xi du quatrième acte l'effet voulu, il faut que l'acteur chargé du rôle de Wilfrid, à ces mots du monologue : *Ne croirait-on pas qu'elle me dit : Wilfrid! Wilfrid! Wilfrid! etc.*, applique exactement ces mots et ceux qui suivent aux sons de la cloche. Il est important, pour obtenir cette assimilation harmonieuse, qu'il se règle sur les sons de la cloche, et non que les sons de la cloche se règlent sur lui. L'acteur chargé du rôle de Donald observera le même procédé d'exécution.

La mise en scène de la *Main Droite*, transcrite par M. L. PALIANTI, fait partie de la collection des mises en scène publiées par *la Gazette des Théâtres*, rue Sainte-Anne, n° 53.

C'est M. AIMON qui a composé la spirituelle musique du troisième acte. On la trouve chez M. CATELIN, rue Saint-Louis, n°ˢ 23 et 25, au Marais.

IMPRIMERIE DE MADAME VEUVE DONDEY-DUPRÉ,
Rue Saint-Louis, 46, au Marais.

www.ingramcontent.com/pod-product-compliance
Lightning Source LLC
Chambersburg PA
CBHW070702050426
42451CB00008B/462